生活素養小學堂

小學
時間管理課

監修／**高取靜**
譯者／**何姵儀**

「時間」是什麼？

妳有沒有想過「時間」這個問題呢？

想必有人現在才注意到。

「快一點啦！」、「妳爲什麼都不準時？」

有沒有人因爲老是被家人責備，

所以越來越討厭聽到「時間」這個詞了呢？

而翻開這本書的妳，

是否正在爲管理時間的事而煩惱呢？

或者，雖然自己並不覺得困擾，

但是家裡的人要是不知道如何安排時間，

也可以介紹他們看看這本書。

平常或許沒什麼感覺，但是知道「時間有限」
就是能妥善管理時間的第一步喔！

就連我們在看這本書的時候，時間也是一點一滴的在流逝，不是嗎？

我們的人生就是這樣將每分每秒累積成好幾分鐘、好幾個小時、

好幾天、好幾年，最後再創造出來的。

時間是自己的。無論是妳的親密家人或朋友，

他們都不能爲妳而活。

但就算是妳的時間，也不能按下停止鍵或倒帶，

回到過去重新開始喔！

既然妳的人生是
分分秒秒慢慢累積而來的，
那麼就要好好珍惜這每分每秒。
只要知道如何「安排時間」，
人生一定會更加燦爛耀眼的。

既然如此，那我們要如何安排時間呢？
坦白說，這並不容易，
因為就連大人也會失敗，白白浪費時間。
如何好好的安排時間並沒有一個正確答案，
例如「要這麼做」或「這麼做就沒問題」。
不管是大人還是小孩，
一旦遇到失敗，都要靠自己從中學習才行。

聽起來好像做不到？
別擔心！剛開始當然會遇到困難！
就連本書主角人物的未來和聰太好像也不知道
怎麼安排時間。
就讓我們跟著他們兩個
一起練習時間管理吧！

未來和聰太是這本書的主角。
從下一頁開始我們要和他們一起
學習安排時間的方法喔！

聰太

未來

懂得安排時間的
好處有這麼多！

做一個美麗閃亮
的自己

過著規律的生活，好好安排時
間吃飯睡覺是「美」的基礎。
出門前的服裝儀容要是能夠花
些時間稍做整理，這樣對自己
的外表就會更有自信喔！

只要懂得

更加接近未來的夢想

不管是什麼樣的夢想，都會站在當
下這一刻累積的前方。職業運動員
之所以會如此活躍，就是因為他們
每天都在勤奮練習。
或許有些人還不知道自己將來想做
什麼，但是只要找到自己真正想做
的事，心中就會湧出一股對任何事
都會堅持不懈的力量。

獲得大家的信賴

只要好好遵守約定，就不會造成別人的困擾，還能獲得人們的信任，更不會有人時時提醒妳「約好就不要遲到」、「作業要準時交」。

安排時間

盡情做自己喜歡的事

不管是運動、看書還是勞作，妳不覺得可以盡情把時間花在開心或喜歡的事情上，是一件很幸福的事情嗎？

與喜歡的人共度美好時光

與在心中占有一席之地的人（例如家人和朋友）分享美好時光可以讓意志更堅強。

時間要用在自己身上

只要讓自己沉浸在喜歡的事物裡，什麼事也不做好好放輕鬆，也就是按照自己的方式度過時光，這樣就能更瞭解自己喔！我們人生的「主角人物」是自己！所以想做什麼就去做，這點很重要喔！

學會安排時間的好處好像不少呢！

可是我做得到嗎？

放心！
並不是每個人
一開始
就能做到，

就算是家人
和老師，應該也是在
失敗的過程當中學會
如何安排時間的喔！

是嗎？

妳看！

很多人都
不知道要如何
安排時間！

所以不是
只有未來喔！

放學一回家
就馬上寫作業。

我回來了——

1、2、3

下午 5 點
去上芭蕾課

回到家之後
就先洗澡吃飯。

津津有味

為了將來
要學好英語！

呼！
終於結束了……

啊

跟朋友
借的漫畫
明天以前要看完，
要趕快還人家！

妳是哪種類型呢？

了解自己的類型，善用寶貴的時間！

每個人都各有無法安排時間的理由。其實只要掌握自己的類型，就會懂得如何安排時間喔。在這之前大家先針對下列問題，回答「是」或「不是」吧！

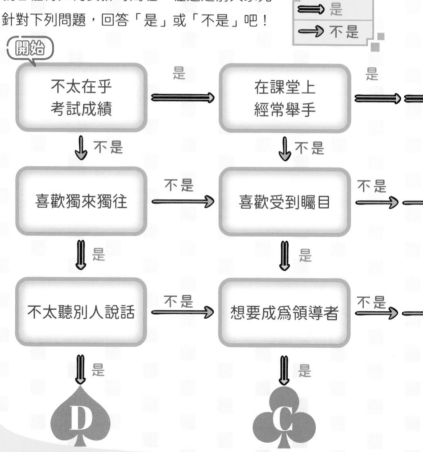

⇒ 是
→ 不是

開始

不太在乎考試成績	是 ⇒	在課堂上經常舉手	是 ⇒
喜歡獨來獨往	不是 →	喜歡受到矚目	不是 →
不太聽別人說話	不是 →	想要成為領導者	不是 →

不是 ↓

是 ⇓

D ♠

C ♣

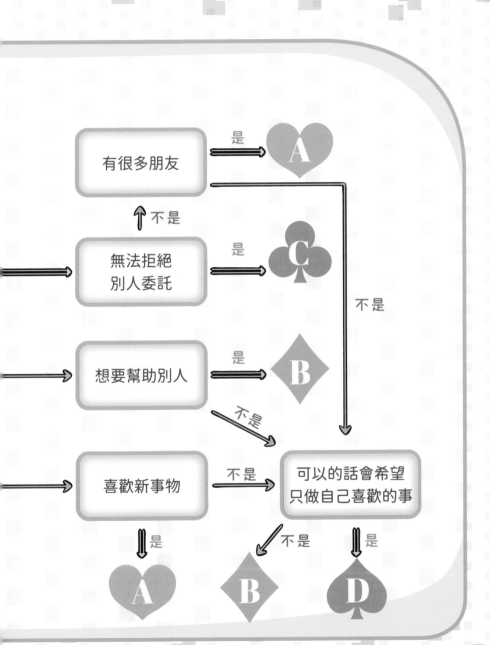

有很多朋友 　是→ A

↑不是

無法拒絕別人委託 　是→ C

想要幫助別人 　是→ B

不是→

喜歡新事物 　不是→ 可以的話會希望只做自己喜歡的事

是↓ A

不是↓ B　是↓ D

不是↓

愛麗絲型

總是精神抖擻，好奇心旺盛

那要怎麼做呢？1

「該做的事」如果不知道該怎麼開始，那就把它寫在便利貼上，做完就撕下來，這樣就會更有幹勁喔！

那要怎麼做呢？2

訂立計畫或是提不起勁的時候，就發揮創意多多嘗試，思考「怎麼做才會更有趣」。

那要怎麼做呢？3

小學生的專注力可以持續 15 至 45 分鐘，因此看書學習的時候不妨用計時器來規劃，每看 15 分鐘的書就休息 5 分鐘，這樣會更有節奏與規律。

妳的優點

· 腦筋靈活創意豐富

· 事事都能樂在其中

· 喜歡挑戰各種事物

妳是這樣的人

好奇心旺盛，願意接受各種挑戰是妳的長處，但是只有三分鐘熱度，不容易專注在某件事，而且想做的事多到讓那些非寫不可的家庭作業一直延後，弄到最後常常臨時抱佛腳。

14

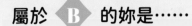

灰姑娘型

體貼溫柔的療癒系

那要怎麼做呢？1

養成往回推算時間的習慣，這樣才能準時。計畫訂好之後也要努力執行喔。

妳是這樣的人

體貼善良，喜歡照顧他人。個性溫和，能讓旁人感到安心。但是處事態度太過從容，往往驚覺時間已經過去。習慣配合別人，有時甚至會先把自己的事情擱在一旁，將時間花在別人身上。

妳的優點

· 從容大方，人見人愛

· 個性溫和，眉開眼笑

· 做事謹慎，從不馬虎

那要怎麼做呢？2

計畫訂好之後，該做事的那段時間就要集中精神，毫不相關的東西最好不要放在旁邊，以免分心。

那要怎麼做呢？3

請家裡的人幫忙，表格做好後，只要努力達成目標，就請家人貼張貼紙獎勵，這樣會更有動力。

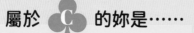
屬於 ♣ 的妳是……

白雪公主型
勤奮可靠的領導者

那要怎麼做呢？1

要懂得找時間喘口氣。累了就不要勉強，一定要好好休息。

妳的優點

· 號召朋友，帶領眾人

· 態度積極，使命必達

· 絕不逃避，更不放棄

那要怎麼做呢？2

計畫訂好之後要回頭檢查，看看行程會不會排得太滿。今天該做的事和可以改天再做的事要分開。

妳是這樣的人

懂得照顧別人，是團體中的領導人物。在班上非常活躍，不僅受到朋友的尊重，更是老師信賴的好幫手。只是不擅於在別人面前露出自己的弱點，有時反而會勉強自己硬撐下去，所以要偶爾休息一下，或讓別人代勞，盡量不要一個人拼過頭。

那要怎麼做呢？3

建議將要做的事寫在便利貼上，並貼在白板上管理。這樣要做的事及做完的事就能一目瞭然，採取行動的時候會更輕鬆。

輝夜姬型

沉著冷靜，個性穩重

妳的優點

· 擁有主見，富有想法

· 對於愛好，充滿熱情

· 熱衷研究，講求正確

妳是這樣的人

一個冷靜、有主見、想法成熟的女孩。若是無法說服自己，就提不起幹勁，有時甚至要花上一段時間才會採取行動。要是有興趣，就會竭盡全力，即使是讀書，只要是喜歡的科目，就會孜孜不倦，向前邁進。

那要怎麼做呢？1

訂立計畫的時候記得要大致掌握情況。無法按時完成固然會讓人焦慮，但是時間若能稍微充裕一點，心情上就比較不會那麼不安。要是提早完成，後面預定的行程就可以往前推了。

那要怎麼做呢？2

訂立計畫時以最感興趣的事情為中心，這樣在做其他事的時候就會為了喜歡的事而努力了。

那要怎麼做呢？3

時鐘放在書桌等顯眼的地方。因為是講求正確性的人，所以建議用數字時鐘。

17

CONTENTS
目錄

Part 1 時間是屬於誰的？

Part 4　讓夢想成真的時間安排方法

還可以下載喔♪　實用表單

附錄　給家長的話

Part 1

時間
是屬於誰的？

時間之前，人人平等。不會有人特別多，
也不會有人特別少。這一章要先請大家
想一想，守時到底是為了誰！

唉……
我又睡過頭了，一早就被媽媽罵！

早點起床就好了呀！
未來妳太常遲到了。

動作快一點啦!

……
我每次都會被罵。

所以妳可不可以告訴我
要怎麼安排時間
才不會被媽媽罵呀?

等一下!妳是為了不想被媽媽罵嗎?應該是要為未來妳自己吧?

嗯?
是這樣嗎?

第二天

早——!

未來
妳遲到了喔!

嘿嘿……

嘎啦

啊！那不是我想看的書嗎？你看完可以借我嗎？

……不要。

啊？爲什麽？

因爲未來妳都不守時，我怕借了之後妳不會如期歸還。

登愕——

叮咚

怎麽了？

今天啊……

遵守時間是為了誰？

剛才的事對不起，我好像說得有點過份。……嗯？話說回來，這是什麼？

咦？聰太看得到塔依咪呀？

看來你也為了不知怎麼安排時間而困擾，是吧？

嗯……我爸媽一直在耳邊念，所以覺得有點悶……

等一下，你們兩個！遵守時間到底是為了誰呀？

大家是不是都把責任推給家人呢？

早上爬不起來，家庭作業沒有寫……到頭來麻煩的是自己而不是家人。因為這些事情問題都出在自己身上，而不是家人！既然時間是自己的，那就不要老是想著「會被誰罵」，採取行動之前先自己想一想，不要老是依賴家人。

責任都推給別人的話會變成這樣喔！

↓

早上沒叫我起床是媽媽的錯

↓

除非媽媽叫我，不然我都會爬不起來

還是無法改變自己

如果是自己的問題，情況會是這樣

↓

早上爬不起來是自己的問題

↓

那就絞盡腦汁想個好方法，看看「要怎麼做才能自己起床」

↓

可以自己起床

↓

成功改變自己

要先理解一件事，那就是「遵守時間是為了自己」！

不守時的話會怎麼樣？

會錯過重要的事情

上課要是遲到，那就沒有辦法上那堂課，更無法知道老師那堂課在講什麼。

自己不在課堂上的這段期間老師說不定會提到重點。既然如此，沒有上到課的話對自己來說豈不是一種損失？

失去人們的信任

守時的人不僅是一個會珍惜時間的人，更是一個懂得遵守約定的人。對於守時的人來說，不懂得遵守時間的人看起來總是吊兒郎當、懶懶散散的。對方的心裡就會忍不住擔心：「你這個人可靠嗎？」

有時我們會因為某些緣故遲到，有些人就會認為「遲到一次在所難免」，但是太常爽約的話，對方對妳的信任度可是會降低喔！

會造成大家的困擾

明明和朋友約好要碰面，要是沒有遵守時間，就會讓大家等妳，反而造成別人的困擾。遠足集合時只要有一個人遲到，全部的人就會無法出發，對吧？大家可以想想看，要是我們也因為某人的關係而等很久，心裡會有什麼感受呢？

說不定會錯過大好機會

假設我們想要參加試鏡，但是沒有準時到場，通常都會被取消資格。國中和高中考試的時候也是一樣，除非捷運誤點或有突發狀況，否則遲到是不會被接受的。

長大之後若還是不懂得守時，就有可能會丟掉工作、拿不到薪水呢！

爲什麼時間這麼重要？

> 媽媽常常說我是在「浪費時間」，這是什麼意思啊？

> 現在的妳或許還不懂，但是擁有許多人生經歷的大人是因爲這些理由才會覺得「時間很重要」。

時間之所以重要的理由

因爲時光無法倒流

時間只要一流走，就不會再回頭。就算後悔「早知如此，何必當初」也來不及，因爲那段時間在當下就只有那麼一次。

因爲時間有限

時間是不是讓人覺得用都用不完呢？但是無論是大人還是孩子，大家都一樣，一天只有 24 小時。就算忙到焦頭爛額，時間就是這麼多，無法增加，也不能向別人借。

因爲「有要做的事」

爲了在這段有限的時間內生活下去，大人與小孩都各自有自己「要做的事」。如此一來，勢必要好好安排時間才行。

> 在時間之前，人人平等。如何度過雖然是個人自由，但是「要怎麼度過」卻能透露出那個人的個性，讓我們來問問看學長學姐吧！

什麼樣的時間對你來說很重要呢？

 訪問

我喜歡跳舞，所以我想把時間都花在跳舞上♪

與思念的人共度的這段時光很重要，因為和好朋友見面的時候可以補充活力。

我們家的愛犬太郎已經是老爺爺了，剩下的時間不多，所以我想好好珍惜有牠陪伴的這段日子。

我將來想當一名設計師，所以我喜歡把時間用在看雜誌，或觀察街上時尚人士的裝扮上。

懂得珍惜時間的人生活好像都很精采又開心。我也想要和他們一樣好好安排時間，擁有一段美好時光。

動腦想一想
安排時間的方法

盡量善用自己的時間，學習安排時間的技巧

自己的時間只屬於自己，想如何度過完全取決於自己。回到家後可以找朋友玩，也可以看書。自己思考如何安排時間固然不錯，但是要先明白一點，那就是之後若是遇到困擾，承擔後果的也是自己。因此我們要懂得掌控時間，妥善安排每一件事情的執行時間及方法。

喔？
可以自己隨意安排嗎？

當然可以♪
……只是時間有限，所以要認真想一想怎麼安排。大家可以利用右邊的習題，練習一下如何安排時間吧！

思考如何安排時間的技巧

沒有正確答案

如何安排時間是沒有正確答案的，所以我們要自己動腦想。別人的意見固然值得參考，但是最後的決定權還是在自己手上。

問問自己重視什麼

看是要趕緊把事情處理完呢？還是慢慢享受過程。重視的地方不同，選擇的方式也會有所改變。

事情過後自己會有何感想？

如果現在選擇這條對自己來說還算輕鬆的路，日後會不會為自己帶來困擾呢？事情過後會不會更開心呢？不管是站在前方的自己、明天的自己，還是將來的自己，都要先好好想一想。

習題 動動腦筋吧！
提升時間力的作戰方式

妳喜歡哪一個？

把自己覺得不錯的那一邊圈起來吧！

★如果要去旅行……

> 跳上飛機，
> 直達目的地

> 悠閒的搭乘
> 各站停靠的普通車

★如果要買 100 元零食……

> 會到價格普通，但是
> 比較近的便利商店

> 會到有點遠，但是
> 價格便宜的柑仔店

★如果想成為故事主人翁……

> 受到他人豐盛款待，
> 但是回家之後就會
> 變成老爺爺的
> 「浦島太郎」

> 花 3 天的時間
> 用自己的羽毛報恩，也就是
> 「白鶴報恩」裡的鶴。

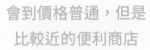

爲什麼大人老是愛說「快一點」？

真正急的人明明是我，但是他們爲什麼老是催我，要我「快一點」呀？

我也常常被罵！從早到晚一直說「快點、快點」……

大人想的總是比小朋友還要深遠

明明時間是自己的，會遇到麻煩的人也是自己，但家人照樣不厭其煩的說：「快點起床！」、「去寫作業！」妳覺得是爲什麼呢？照理說，爬不爬得起來、作業有沒有寫，對家人其實並不會有太大的影響。既然如此，他們爲什麼還要生氣罵人呢？

那是因爲大人的生活閱歷比孩子多，能夠加以推測事情發展。他們覺得妳要是沒有早起而遇到困擾會很辛苦，所以才會提前替妳擔心。

例如……

有個女孩和朋友約好一點見面。但是快要一點的時候媽媽開始罵人了，叫她要「動作快一點！」

請大家想想看這位媽媽爲什麼會生氣呢？

戴上「大人眼鏡」一探究竟吧！

這裡有一副能夠看穿大人心情的「大人眼鏡」。就讓我們戴上這副眼鏡，看看左頁的媽媽是什麼心情吧！

動作快一點！

妳快遲到了不是嗎？

讓朋友等妳不會不好意思嗎？我很擔心朋友會因為這樣討厭妳！兩個人的友情要是因為交惡而留下悲傷的回憶，妳不會難過嗎？

習題 動動腦筋吧！

讓我們戴上「大人眼鏡」，想想看下面這位生氣的爸爸是什麼心情吧！

趕快寫作業！

模擬情境
練習看看吧！

先設想一下
「這麼做會發生什麼事？」

既然是自己的時間，當然可以想怎麼運用就怎麼運用。可是家人一直提醒自己「快一點」，不聽的話會發生什麼事呢？像這樣的超前思考稱爲「模擬」。模擬過後若是失敗的話，將來可能會遇到大問題，那麼不如就趁現在好好想一想該怎麼做，妳說是不是呢？

★如果是第 30 頁的女孩……會發生什麼事？

被媽媽催促「快一點！」

乖乖聽媽媽的話（早點出門）　　不聽媽媽的話（慢慢來）

準時赴約　　　　　　　　　　　遲到 30 分鐘

按照時間從一點開始　　　　　　會發生什麼事？
和朋友一起玩樂

遲到 30 分鐘的話會發生什麼事，後續就讓我們看看第 33 頁的漫畫吧！

別人的時間也要珍惜

對方的時間和我們的時間一樣重要

要好好想像對方在等待的時候會是什麼心情。

時間對每個人來說都是寶貴的。假設今天我們讓朋友等了 30 分鐘。對方準時赴約，這樣就讓人家少了 30 分鐘的玩樂時間，而且在等待的這 30 分鐘，對方還可以做別的事呢！要是在沒有任何通知的情況之下讓人家等待，說不定會讓對方擔心妳「是不是發生什麼事了」。所以不管是朋友還是家人，別人的時間也要比照自己的時間，好好珍惜喔！

當我們長大開始工作以後，要是不能守時，說不定會丟掉工作。

★戴上大人眼鏡一探究竟吧！

工作上要是不遵守時間的話……

和別人約好卻遲到

要是讓工作夥伴等太久，對方在這段時間該做的工作就無法完成，甚至因此延誤。因為妳遲到而工作受到影響的人說不定以後就不會再和妳共事了。

沒有如期完成

工作和家庭作業一樣，都有個截止日，「一定要在這天以前完成」。要是不能遵守約定，就會造成他人困擾。一旦失去信用，對方說不定就不會再拜託妳了。

動動腦筋吧！

提升時間力的作戰方式

 朋友遲到了 30 分鐘，妳會怎麼想呢？

2 已經為遲到 30 分鐘這件事道歉了，
但對方還是不高興，該怎麼辦呢？

Good time-use

與朋友相約
不遲到的小技巧

從現在開始不想再讓朋友等我了！但是不管怎麼努力，就是會拖到最後一刻才出門……

那就從約好的時間「往回推算」再行動吧！

假設和對方「約好 1 點在公園碰面」的話，那要幾分出門才會來得及呢？如果到公園要 10 分鐘，那麼 12 點 50 分出門應該就可以了吧？像這樣以減法來思考的方式稱為「逆算」。若是想在幾點以前做完某件事的話，建議寫在白板上，這樣就不會忘記了。

行動時
要從容不迫

不遲到的小訣竅

設個定時器

「忘記看時間了！」為了避免這種情況發生，建議大家在出門前的 10 分鐘設個定時器。

往回推算時間的時候要盡量保有餘裕。假設走到公園只要 10 分鐘就好，但是沿途還要過馬路，而且還可能會出現突發狀況，因此要多預留一些時間，盡量比約定的時間早 5 分鐘到。

智題 往回推算看看吧！

和朋友約在下午 1 點碰面。
那麼幾點要做什麼事情好呢？

約在公園見面

下午 1:00

從家裡走
到公園大約
10 分鐘

★碰面之前要做這 4 件事

☐ 吃午飯

☐ 刷牙

☐ 梳妝打扮

☐ 準備要帶的東西

★幾點做什麼事好呢？

:	
:	
:	
:	
:	出門

★每件事情要花多少時間呢？

吃午餐	▶	大約	分鐘
刷牙	▶	大約	分鐘
梳妝打扮	▶	大約	分鐘
準備要帶的東西	▶	大約	分鐘

如果還是快遲到的話，怎麼辦呢？

★趕緊聯絡對方會晚到

若是確定自己快要遲到，那就先通知對方，這樣才有禮貌。因為無消無息、都沒通知的話，對方說不定會擔心「是不是記錯時間了？」、「還是路上發生什麼意外了？」所以我們要在對方的手機裡留下自己的聯絡方式，或者打電話到對方家中，請家人幫忙轉達。

找到喜歡的事情

咦？
安排時間和自己的喜好有關係？

當然有，而且關係很密切呢！
聰太你喜歡什麼呢？

我喜歡踢足球！

可是除了足球，你應該還有其他事情要做，是吧？

是啊……有家庭作業，還有線上
課程的教材要寫……

那早一點寫完的話，多出來的時間就可以盡情踢足球，
不是嗎？所謂的「善加安排時間」就是這個意思啦！

POINT

所謂喜歡的事情……

- 即使沒有人拜託也會「想要去做」。
- 一旦行動就會樂在其中，覺得時間過得很快，轉眼就溜走。
- 光是想像就會興奮不已的事情。

→ 第 98 頁也要看喔！

充實自我是最棒的事，
從事喜好的時間最珍貴

妳認爲學習如何安排時間的眞正目的是什麼呢？是爲了保持健康？爲了學習及工作？還是爲了不造成他人困擾呢？其實……這些都是正確答案。最重要的是「珍惜時間，做自己喜歡的事」。妳喜歡什麼？什麼時候會讓妳雀躍無比呢？坦白說，在做這件事情時候的妳，才是最眞實、最充實的妳，希望大家都能好好珍惜這段時間。

只要做喜歡的事，
每天就會神采飛揚

如果有時間做自己「喜歡的事」，每天的生活就會更開心。既然是讓人開心的事，就會態度積極，動腦思考，樂觀進取，根本就不需要旁人催促。因爲人在這樣的情況之下往往會覺得幸福無比，就算沒有誇張聲勢，也能過得無比精采。

有喜歡的事物
好處竟然這麼多

願意爲了喜好
奮鬥努力

既然是爲了「喜歡的事」，那麼其他事情也會一起努力。就算是不拿手或麻煩瑣碎的事，只要秉持「這個結束之後就可以做喜歡的事」這個態度，就能輕鬆過關。

但是我好像還沒有找到和聰太最愛的「足球」一樣的「喜好」耶……

未來妳不是喜歡畫畫和看漫畫嗎？還有什麼喜歡的事情呢？那我們一起在下一個習題中想想看吧！

習題 動動腦筋吧！

妳喜歡什麼呢？像聰太這樣可以說出「我最喜歡」的事情是什麼呢？好好想想看吧！

1 妳喜歡哪一個？

在外面玩	在家玩
如果是玩捉迷藏的話 **會想躲起來**	如果是玩捉迷藏的話 **會想去抓人**
很多人一起玩	幾個人一起玩

2 妳會選哪個呢？

這些問題並沒有正確答案，大家可以根據自己的想法自由回答！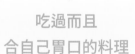

★ 最想品嘗的是？

還沒吃過，但看起來讓人口水直流的料理	吃過而且合自己胃口的料理

★ 想帶去無人島的東西是？

100 本書	一台遊戲機

★最想要居住的是？

只有夏天的國家　　　只有冬天的國家

★想帶去無人島陪伴的是？

小狗　　小貓　　猴子　　機器人

★妳討厭哪一個？

必須獨自度過
一個禮拜

整個禮拜
都有人陪

★這個世界少了它會讓人困擾的是？

音樂　　　文字　　　圖畫

 如果是妳的話會怎麼做？

★學校的所有科目當中，如果只有一科的成績可以比所有人好，
妳會選哪一科呢？

★要是去太空的話，妳會帶什麼呢？

習題 **動動腦筋吧！**

如果妳現在有一個小時的自由時間，妳想做什麼？

5　如果現在的妳有求必應，妳想得到什麼呢？

6　如果妳可以選一個想見的人，妳會選誰？

7 現在的妳做什麼事情最開心？

8 在第 **7** 題回答的喜好如果要當成工作的話，
會有什麼樣的職業呢？

不管是畫畫、漫畫還是工作……
通通都很有趣，我也很喜歡，
但要是問我最喜歡哪一個，
那我可能會答不出來。

喜歡的東西不止一個也沒關係喔！
另外，還沒有找到喜好的人不妨多問問自
己「想做什麼？」、「喜歡什麼？」
只要多問幾次，一定會找到喜好的！

為什麼美好時光總是過得特別快?

感受時間的方法與心態有關

和朋友一起玩樂的時候總是時光飛逝,才一轉眼就要回家了,但是學習不太拿手的科目時,卻老是覺得度日如年……這樣的感覺,大家是不是曾經有過呢?時鐘的指針轉動速度雖然都一樣,但是時間的長短感受卻會隨著每個人的心態而改變。像是快樂的時光總是特別短,無聊的時候卻特別長。這是因為當我們覺得無聊時會不停的看時鐘,一直注意到底還剩多少時間,心中只想著「趕快結束吧」。越是在意時間,「心理時鐘」就會停擺,讓人覺得度日如年,歲月難熬。但是玩得正開心的時候往往不太會去注意時間,所以才會覺得時光飛逝。

感覺 度日如年 的時候

- 被老師或家人罵的時候
- 明明在趕時間卻要等綠燈的時候
- 無聊沒事做的時候

感覺 時光飛逝 的時候

- 看喜歡的電視節目時
- 急著寫考卷的時候
- 去 KTV 想唱的歌多到唱不完的時候

足球比賽的時候也是一樣。因為得分落後所以拚命想要得分的時候,就會覺得時間很短;因為暫時領先所以要嚴加守備不讓對方得分的時候,就會覺得時間很長

Part 2

學習掌握
時間概念

安排時間有一點很重要，那就是要先培養「時間概念」！那麼時間的概念要怎麼培養呢？

原本以為一個小時就可以搞定，沒想到會花這麼多時間，而且這種情況還層出不窮……

可能是未來還沒有完全掌握到時間概念。那就讓我們在這一章一起學習吧！

什麼是「時間概念」?

要想善加安排時間,就必須要有「時間概念」。

什麼是「時間概念」?

察覺時間的觀念。例如:現在差不多是幾點、做某件事需要花多少時間等等。要是沒有「時間概念」,就算別人在旁催促要「快一點」,妳也不會知道情況有多緊急。所以就讓我們先培養時間概念,提升「時間力」吧!

如何培養「時間概念」呢?

差不多從 7 歲開始,小學就會開始教導小朋友怎麼看時鐘,讓他們知道時間流逝的感覺。然而讓小朋友掌握「時間概念」似乎是一件不太容易的事,但是只要訓練他們偶爾看看時鐘,注意時間的流逝,就能慢慢培養出時間概念。

現在的妳培養了多少時間觀念呢?試著填寫右邊的習題吧!

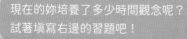

習題 **動動腦筋吧！**

提升時間力的作戰方式

  妳在「10 分鐘內」可以完成下列哪些事情呢？
（符合的項目請在 ☑ 裡打勾）

☐ 整理隔天上課的書包	☐ 煮咖哩
☐ 足球比賽	☐ 聽一首喜歡的歌曲
☐ 洗衣服	☐ 看一部電影

就只有 10 分鐘，無法花太多時間……

  想想妳在「3 分鐘」及「30 分鐘」內可以做些什麼事。

3 分鐘內可以做完的事

30 分鐘內可以做完的事

這個部分沒有解答，大家可以自由思考，並且把它寫下來！

 妳覺得現在差不多幾點？不要看時鐘，猜猜看吧！

點 　　 分 左右吧？

看看時鐘，
確認一下吧！

其實是

點 　　 分 。

 猜想的時間與實際的時間相差多少呢？要是
相差不大，那妳的時間概念很不錯喔！

 準備一個計時器或定時器，
試著在剛好
一分鐘 的地方按停。

5 走到常去的地方大概要多久呢？
大概抓一下時間吧！

家 → 學校

預測 ___ 分鐘 → 實際 ___ 分鐘

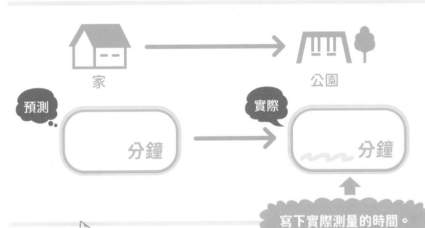

家 → 公園

預測 ___ 分鐘 → 實際 ___ 分鐘

寫下實際測量的時間。

這跟我預測的時間也差太多了吧！

這種太過天真的時間估算應該就是遲到的原因。

平常採取行動的時候會花自己多少時間
也可以抓抓看喔！
只要注意花的時間，就能夠培養出時間概念！

回顧一天的時間是怎麼安排的吧！

想要培養「時間概念」，第一個要做的就是回顧一下自己的一天是怎麼度過的！

一天 24 小時都是怎麼安排的呢？

妳每天都看幾個小時的電視呢？家庭作業會花多少時間寫呢？想要提升時間力，就要知道自己每天花了多少時間在什麼事情上。既然時間是看不見的東西，那就把它寫在紙上，化成有形之物。

回顧一天時間的重點

①

回想學校以外的時間

人在學校的時候通常會按照課表活動，所以這次先省略，只要回想下課回家之後做了什麼事，在把它寫下來就可以了。

②

大致的活動內容就好

活動內容不需要想的太詳細，像刷牙或換衣服之類的事情統一寫成「睡前準備」就可以了。

③

看電視也要算入

如果電視開著，就算不是非常專心看，也要併入「電視」時間裡。

可以利用的時間有多少？

小學生一天在學校的時間大概是 7 到 8 個小時。假設最理想的睡眠時間是 9 到 12 個小時的話，那麼還剩下多少時間可以利用呢？一天有 24 小時，扣除在學校的 7 個小時以及睡覺的 9 個小時的話……

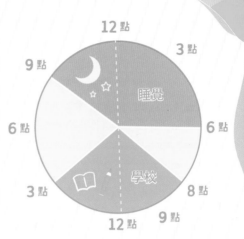

$$24 - 7 - 9 = ?$$

只要算一下，就會發現能用的時間其實不多，對吧？

咦？一天可以利用的時間竟然只有 8 個小時！

從回到家到上床睡覺這段時間大約有 5、6 個小時，但我好像不太記得自己做了什麼事……

那先讓我們把一天做的事情列出來吧！

回顧自己利用的時間並逐一列出來吧！

既然已經知道自己可以利用的時間就只有這麼幾個小時，那麼……大家可曾想過自己在這段時間內做了什麼事嗎？在思考要如何安排時間之前，先讓我們回想一下到目前為止自己是怎麼使用這段時間的。只要把它寫在紙上，時間是怎麼用的就會更清楚喔。先把自己的活動寫在第 54 和 55 頁的習題裡吧！

習題 列個清單吧！

提升時間力的作戰方式

早上

將平常起床之後到出門上學前的這段期間所做的每一件事都寫下來吧。

（週一到週五的其中一天即可。）

- _____
- _____
- _____
- _____
- _____
- _____
- _____
- _____
- _____
- _____
- _____
- _____
- _____
- _____
- _____
- _____

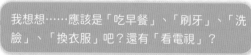

我想想……應該是「吃早餐」、「刷牙」、「洗臉」、「換衣服」吧？還有「看電視」？

下午到晚上 ☆

將平常放學回家後到晚上睡覺前的這段期間所做的每一件事都寫下來吧！

- ●
- ●
- ●
- ●
- ●
- ●
- ●
- ●
- ●
- ●
- ●
- ●

- ●
- ●
- ●
- ●
- ●
- ●
- ●
- ●
- ●
- ●
- ●
- ●

表格下載處 https://reurl.cc/y6b26E

生活規律很重要！

每天早睡早起，培養時間力

安排時間最重要的一點，就是要天天早睡早起。人體內有一個「生理時鐘」（請見第 146 頁），可以在太陽升起時喚醒我們，在晚上讓我們昏昏欲睡。生理時鐘的節奏大約是 24 個小時。節奏要是亂掉，身體就會變差。另外，這 24 個小時的生活若是規律，身體就會記住時間的長短，如此一來就能夠培養出時間概念了。

生活所需的時間不可犧牲

每天睡覺和吃飯的時間是維持健康不可或缺的時間。尤其是正在成長的小學生，絕對不可以因為忙而犧牲睡眠時間，甚至不吃飯。而生活所需的時間有右表所列這幾個。

生活所需的時間

- 睡眠時間
- 吃飯時間
- 洗澡時間
- 換衣服及整理儀容的時間

小學生的話，睡眠時間最好是在 9 至 12 個小時左右。

睡眠時間太短會怎麼樣？

髮質與皮膚會變差

人在睡覺的時候身體會分泌「生長激素」，讓肌膚更水潤，頭髮更亮麗。但是睡眠要是不足，生長激素就不會正常分泌，而且刺激食慾的賀爾蒙會增加，反而會容易變胖。

腦筋無法運轉體力會變弱

充分的睡眠可以讓身體與大腦休息，恢復活力。要是沒有睡飽，腦筋就會轉不過來，記憶力也會變差。

情緒不穩，焦慮不安

深夜暴露在強光之下的生活，不僅會影響到我們的大腦，還會讓情緒不穩，甚至心理不平衡。

容易體弱多病

睡眠一旦不足，保護人體免受疾病侵害的「免疫力」就會下降，這樣反而會更容易生病。

白天會無精打采

可想而知晚上沒睡飽，白天當然會昏昏欲睡，這樣上課的時候腦子就會一片空白，甚至四肢無力，提不起勁。

熬夜晚睡竟然會這麼傷身體呀……

早上要自己起床喔！

Good time-use

每天早上要靠自己起床

妳早上有辦法靠自己起床嗎？既然時間是自己的，早上當然也要靠自己起床。一定要有人叫才爬得起來的話，那就有點遜囉！大家可以準備一個專屬的鬧鐘，設定一個能準時上課的時間，盡量靠自己起床吧！

> 我早上都爬不起來，每天都要被媽媽罵才會起床……

> 我也是，早起超級痛苦的！好不容易醒了，卻還是很想睡……

> 等一下，你們兩個。是不是太晚睡，還是睡前還在做這些事呀？

前一天晚上做了哪些事，決定早上能不能準時起床

先確認一下早上爬不起來是不是睡眠不足造成的。小學生的話要睡足 9 至 12 個小時喔。另外，有項研究報告指出睡前要是滑手機，螢幕發出的藍光也會讓人睡不著覺。這就是為什麼玩手機遊戲玩到睡前一刻時，會興奮到睡不著的原因。

早起神清氣爽的作戰方式！

策略 1 ☆ 晚上要做的事

鬧鐘放在遠處

放在旁邊的話，鬧鐘關掉之後說不定又會睡著。但是只要稍微動一下身體，整個人就會醒過來。

策略 2 ☆ 晚上要做的事

換睡衣

睡衣是爲了舒眠而穿的衣服，所以寬鬆舒適，不會過於貼身，能讓人一覺到天亮。只要睡得好，隔天醒來就會神清氣爽！

策略 3 ☆ 晚上要做的事

泡個暖呼呼的澡

睡前要是能夠泡個溫水澡，讓身體慢慢暖起來，晚上就能睡個好覺了！

策略 4 ☆ 早上要做的事

拉拉耳朵

耳朵這個器官有很多穴道。只要用雙手輕拉耳朵，就能促進血液循環，整個人也會更清醒。

策略 5 ☆ 早上要做的事

打開窗簾
讓光線進來

只要沐浴在晨光中，就能夠調整生理時鐘。因此建議大家打開窗簾，讓光線灑進房裡，這樣就能自然醒過來了。

自己安排課後行程吧！

Good time-use

善用有限的時間好好安排行程

大家應該有很多要做以及想做的事吧？例如：寫功課、上才藝班還有玩耍。安排計畫是一件非常重要的事，因爲這樣才能夠在有限的時間內完成必須做的事。要是能夠自己訂立計畫，管理行程，這樣就不會苦惱時間不夠用了！

訂立計畫呀……
這我不太行耶！

放心！只要跟著下列步驟走，就不會有問題了！

如何安排課後行程

1 將要做的事寫下來

放學回家到晚上睡前「要做的事」全都寫下來。 第 62 頁

2 便利貼分成兩種顏色

將「要做的事」分成「該做的事」以及「想做的事」。 → 第 66 頁

3 想一想要什麼時候做

「該做的事」及「想做的事」安排好之後，就將便利貼貼在那個時段上。 → 第 69 頁

4 想想優先順序

回頭檢查一下貼上便利貼的表格，確認一下這樣的優先順序可不可行。 第 74 頁

5 重新貼上便利貼

優先順序排好之後，就將便利貼重貼在時間表上。 → 第 78 頁

6 完成行程表！

一邊看著貼上便利貼的時間表，一邊填寫「課後行程」。 → 第 80 頁

安排行程的訣竅

愛麗絲類型

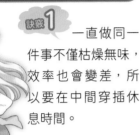

訣竅 1　一直做同一件事不僅枯燥無味，效率也會變差，所以要在中間穿插休息時間。

訣竅 2

但是休息的時間要是太長，這樣該做的事反而會做不完，所以最好用定時器設一個休息時間，與專注時間畫個界線，讓整段過程稍有變化。

灰姑娘型

訣竅 1　預定的行程排太滿的話反而會影響進度，因此計畫的時候時間要充裕一點。

訣竅 2

訂好計畫之後就用定時器或鬧鐘把時間劃分開來，盡量讓精神集中在那個時段。若能事先在白板上寫下什麼事要在幾點以前做完，這樣就不會忘記了。

白雪公主型

訣竅 1　將今天要做的事與只要在這週內某個時間完成就好的事情分開，安排行程也盡量不要排得太滿。

訣竅 2

試著將自己想做的事與放鬆的時間排進計畫之中。有時受人委託會不好意思拒絕，但是以自己想做的事為優先並沒有錯。

輝夜姬型

訣竅 1　當事情無法按照計畫進行時，可以先換個心情，改天再做，重新檢討計畫就可以了！

訣竅 2

如果妳是一個對自己想做的事和喜歡的事相當熱衷的人，那麼計畫的時候就可以多安排一些時間來做喜歡的事，這樣就會為了自己想做的事而連其他的事情一起努力。

1 將要做的事寫下來

先明確掌握「要做的事」

想要訂立計畫、安排時間的話，自己就要先明確瞭解這段時間內「要做的事」有哪些才行。「要做的事」不僅包括家庭作業，還有吃飯、洗澡以及生活所需的時間（第 56 頁）。接下來我們要在這一節想想放學回家到晚上這段時間的行程，大家可以參考第 55 頁的表格，盡量將自己想做的事全部都寫在紙上。

聰太 的行程

- 家庭作業
- 線上課程的教材
- 吃晚餐
- 洗澡
- 練習足球
- 跑步
- 看電視
- 打電動
- 準備上課的東西

準備一下吧 準備兩種顏色的便利貼！

寫下「要做的事」之後，接下來就是把這些事分成「想做的事」與「該做的事」（參考 66 頁）。最好準備兩種不同顏色、可以重複貼的「便利貼」。

家裡要是沒有便利貼，用右邊附錄的標籤紙也可以喔！

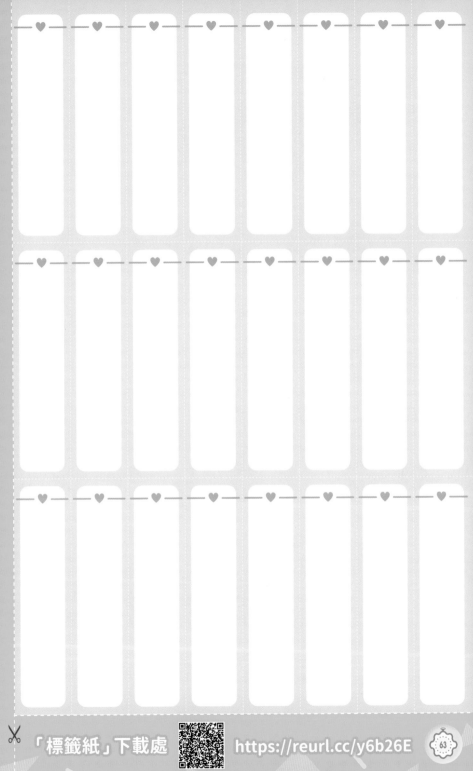

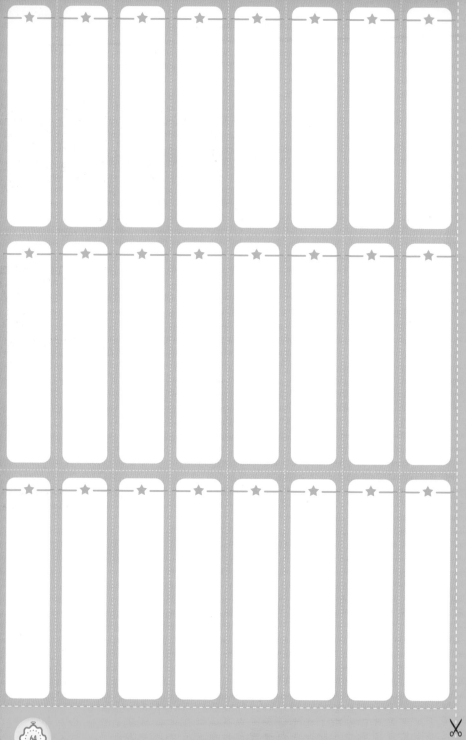

如何使用標籤紙

沿著虛線剪下第 63 和 64 頁的標籤紙之後，就可以當作便利貼來使用了。

1 剪下書中的第 63 和 64 頁。

要沿著虛線剪。

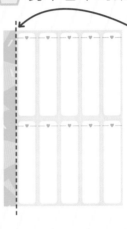

2 沿著直線與橫線將其剪開。

cut!

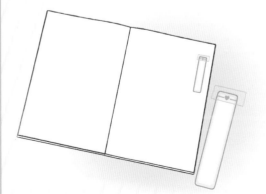

3 用紙膠帶黏貼固定。

安排課後行程

2 將便利貼分成兩種顏色

將「該做的事」與「想做的事」劃分開來

要做的事寫下來之後,接著將其分成「該做的事」及「想做的事」,然後寫在便利貼上。這個時候「該做的事」及「想做的事」的便利貼顏色要不一樣。例如「家庭作業」和「吃晚餐」是「該做的事」,而「看漫畫」和「看電視」則是「想做的事」。

或

♥
做勞作

← 「想做的事」

★
學校作業

「該做的事」 →

分成這兩種之後,再分別貼在第 67 頁的表格裡!

習題　貼上便利貼吧！

該做的事	想做的事

表格下載處 https://reurl.cc/y6b26E

貼便利貼的時候
有沒有注意到什麼事呢？

 的情況

未來

讓我們回頭看看自己分類的便利貼。
有沒有注意到什麼事呢？

該做的事	想做的事
★練鋼琴　★寫學校作業　★寫補習班的功課　★洗澡	♥打電動　♥看電視（電影）　♥看漫畫　♥與朋友一起玩
★吃晚餐　★整理隔天上課的書包　★整理房間　★幫忙做家事（清洗浴室）	♥吃點心　♥畫畫　♥做勞作　♥慢慢休息

「該做的事」怎麼這麼多呀？

「想做的事」也不少，但是全部都
下課回家之後再做的話做的完嗎？

鋼琴喜歡是喜歡，但是練琴的
話那就有點討厭了……

安排課後行程
3 想一想要什麼時候做

貼上便利貼之前，先想想看要什麼時候做

先想想「該做的事」與「想做的事」要在放學回家之後到睡覺之前這段時間的哪個時段做。

想好之後就把寫好的便利貼貼在第 70 至 71 頁的表格裡。既然時間是自己的，那就先大致想想看。

雖然說大致想一想，安排起來還挺難的。「洗浴缸」一定要排在「洗澡」之前，是吧？

我通常都是 3 點半至 4 點之間回家，9 點半上床睡覺，這樣能夠利用的時間差不多是 6 個小時左右。但是我又想在天黑之前練習足球。

先自己大致想想看這些事情要什麼時候做，之後再貼上便利貼吧！

一邊想想回家後一直到睡覺前該做的事
要「什麼時候做」，一邊填寫下面這張表格吧！

下午
3點　　　　　　**4**點　　　　　　**5**點　　　　　　**6**點

方法 ∙∙∙∙∙∙∙∙∙∙∙∙∙∙∙∙∙∙∙∙∙∙∙∙∙∙∙∙∙∙∙∙

1️⃣ 放學回家的時間畫成一條線（大致就可以了）。

2️⃣ 每天上床睡覺的時間決定好之後畫一條線，並在下面寫上「睡覺」。

3️⃣ 一邊想著要做這件事的時間，一邊貼上便利貼。

下午
7點　　　　　**8點**　　　　　**9點**

看表格的時候，妳有發現什麼事嗎？

便利貼寫上要做的事之後，全都貼在第 70 至 71 頁的表格中了嗎？在看那張表格的時候，妳有察覺到什麼嗎？妳有沒有發現到「該做的事」與「想做的事」雖然很多，但是要在 6 個小時內全部做完的話好像要很努力才行⋯⋯

未來 的情況

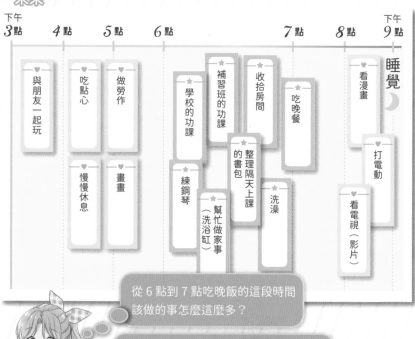

下午 3點	4點	5點	6點			7點	8點	下午 9點
與朋友一起玩	吃點心	做勞作	學校的功課	補習班的功課	收拾房間	吃晚餐	看漫畫	睡覺
慢慢休息	畫畫		練鋼琴	整理隔天上課的書包	洗澡		打電動	
				幫忙做家事（洗浴缸）			看電視（影片）	

從 6 點到 7 點吃晚飯的這段時間該做的事怎麼這麼多？

想做的事也不少，這樣有辦法在 8 點到 9 點這段期間做完嗎？

寫下妳注意到的事情吧！

看著自己填的表格，寫下妳的各種想法吧！

4 想想優先順序

對自己來說，哪個重要？哪個緊急？

在第 70 至 71 頁的表格裡貼上便利貼時，妳是以什麼為基準呢？一天要做的事情有好幾件，若是「憑感覺」依序做的話，到睡覺以前搞不好會做不完喔。因此當天該做的事，例如「家庭作業」就盡量在當天完成，思考行程時只要先將要做的事按照「重要程度」及「緊急程度」來排列，這樣就能好好安排時間了。

什麼是「重要程度」呢？

不做的話會給自己帶來困擾的事，像「吃晚飯」的重要程度就很高，是吧？另外，「該做的事」重要程度也很高。

什麼是「緊急程度」呢？

如果某件事必須盡快完成，那就代表這件事的「緊急程度」非常高。比方說：以「家庭作業」和「身體不舒服要去看醫生」為例，「去看醫生」這件事的緊急程度會比較高。

考慮優先順序時
試著使用圖表吧!

先將「重要程度」與「緊急程度」畫成右圖。下一頁的內容也是一樣,所以先讓我們貼上「該做的事」與「想做的事」這兩張便利貼,之後再來整理優先順序吧!

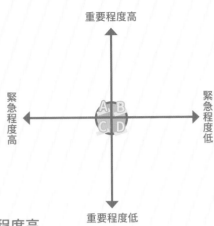

重要程度高

A 今天非做不可的重要事情,而且還非常緊急。

B 雖然不用今天做,但還是要完成的事。

緊急程度高　　　　　　　　　　　　緊急程度低

C 雖然今天非做不可,但並不是非常重要的事。

D 什麼時候做都可以、不是非常重要的事。

重要程度低

只要這麼做,就能夠清楚掌握每件事情的處理順序,這樣就能夠立刻採取行動了喔!

習題 貼上便利貼吧！

「家庭作業」是今天應該做
的事情，所以是 A。

緊急程度高

◄──────────────────────────

「鋼琴」的話離成果發表會還有時間，重要性雖然沒有那
麼高，但是每天都要練習，而且還要在天黑以前彈才不會
吵到人，那對我來說應該是 C。

重要程度高

把看漫畫及看電視的時間歸爲重要時間也可以。線上課程的習題未必要今天交，所以是 B。

A B
C D

緊急程度低

重要程度低

有些人的 C 或 D 或許是空白的。如果是這樣，那就優先處理 A 和 B 當中最緊急的事情吧！

表格下載處 https://reurl.cc/y6b26E

5 重新貼上便利貼

安排課後行程

那就是回家之後立刻「寫家庭作業」和「練鋼琴」，「勞作」的話排在作業寫完之後到「吃晚餐」之前的這段時間應該可以吧？

一邊確定「優先順序」，
一邊決定「做的時間」

第 76 至 77 頁的優先順序確定之後，就可以先決定這些重要或緊急的事要什麼時候做了。今天不做也沒關係的事情就安排在當週的空檔時間處理（請見第 102 頁）。

習題 動動腦筋吧！

★重新貼便利貼時的重點

● 先安排「重要程度」和「緊急程度」較高的事情。

● 只要先處理「該做的事」，「想做的事」時間就會變多喔！

● 想想這些便利貼是否有必要全部貼上去。不需要趕在今天做的事，或者是沒有那麼重要的事能不能移到放假或者是有時間的時候做呢？

| 下午 3點 | 4點 | 5點 | 6點 | 7點 | 8點 | 下午 9點 |

♥ 與朋友一起玩

♥ 吃點心

★ 練鋼琴

★ 學校的作業

★ 幫忙做家事（洗浴缸）

♥ 做勞作

★ 吃晚餐

★ 整理隔天上課的書包

睡覺

★ 洗澡

♥ 看電視

這就是我一整天的行程！

使用便利貼的祕招

用顏色標出「該做的事」及「想做的事」，按照處理的順序貼在白板上，之後再放在顯眼的地方。每做完一件事就把便利貼撕下來，這樣非但不會忘記，還會有忍不住在心中大喊「耶～」的成就感喔！

就算是沒有時間按照步驟 *1* 到 *5* 的順序安排行程，只要善用便利貼將「想做的事」與「該做的事」分開來，照樣能夠善用時間喔！

習題 寫張課後行程表吧！

方法

❶ 將第 81 頁影印下來，或者從本書上的網站下載「課後行程表」。

❷ 將第 78 至 79 頁貼上便利貼之後所安排的時間寫在行程表裡。

聰太 的課後行程表

我想踢好足球，所以每天一定要練習踢球和跑步。

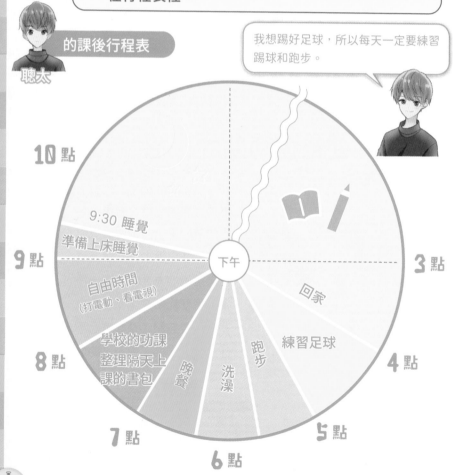

10 點

9:30 睡覺
準備上床睡覺

9 點

自由時間
(打電動、看電視)

學校的功課
整理隔天上
課的書包

8 點

晚餐

洗澡

跑步

練習足球

回家

下午

3 點

4 點

5 點

6 點

7 點

名字 _____ 的 課後行程表

妳也可以一邊看著第 70 至 71 頁重貼的便利貼，一邊寫下自己的行程表喔！

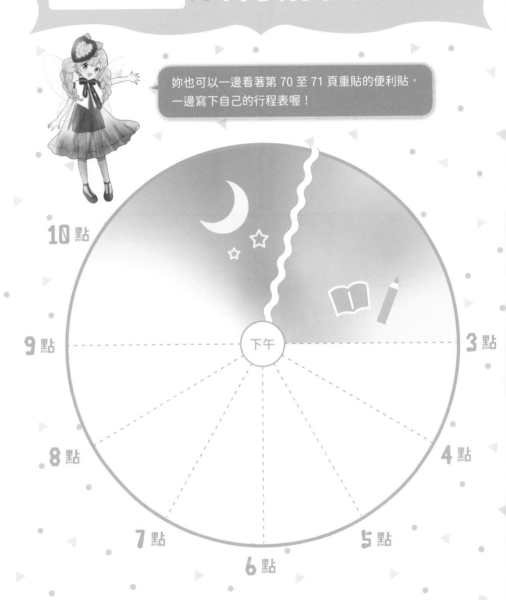

10 點

9 點

下午

3 點

8 點

4 點

7 點

5 點

6 點

表格下載處 https://reurl.cc/y6b26E

這樣就能完美的安排時間了！

……完蛋了！功課還沒寫完，都快 7 點了！

怎麼會這樣！

放心！無法按照計畫進行是常有的事情！

讓我們來看看要怎麼做才能跟著計畫走吧！

要怎麼做才能跟著計畫走呢？

Good time-use

就算是大人，也是會常常遇到計畫不順的時候。
遇到這種情況就重新檢視一下計畫及進行方法吧！

不管計畫安排得有多完美，還是會有進展不順利的時候

明明是自己深思熟慮、精心安排的計畫，可是抬頭一看，卻發現時間早已超過了……其實計畫趕不上變化是常有的事。那麼趕不上變化的原因是什麼呢？能夠推測的可能性主要有下列三種。先想想自己為什麼無法按照計畫進行，之後再來檢討對策吧！

計畫趕不上變化的 3 個主因

1 太過貪心

明明按照計畫行事，但卻無法按時完成的原因，有可能是預定的行程排太滿，導致計畫難以執行。

→ 看看第 84 和 85 頁吧！

2 提不起勁

就算有意願，但還沒開始就嫌麻煩，等到真正要做時恐怕為時已晚。既然是自己安排的行程，那就要想出一個能激勵自己身體力行的方法。

→ 看看第 86 至 88 頁吧！

3 容易分心

明明已經按照計畫進行了，卻因為途中感到無聊而分心，就這樣不知不覺超過預定結束的時間……

→ 看看第 90、91 頁吧！

計畫無法如願進行　其①　太過貪心

我是那種會把行程排得滿滿的人！

瞄一眼

耶！
補完習了。6 點半應該可以回到家……

嘿，等一下！
那部影片妳看了嗎？

嗯？

聊天聊太晚了！
人家原本預定 6 點半要寫家庭作業的！

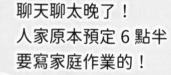

我回來了～

要不要
休息一下？

要趕在 7 點吃晚餐以前把作業寫完啦！

這麼做或許會改善……

「訂立計畫」→「試做看看」→「確認會不會太過勉強」→「調整計畫」。只要按照這個流程多重複幾次，就能安排出一個不會讓人忙到焦頭爛額、喘不過氣的行程喔！

回顧一下安排的行程
會不會太過緊湊

明明已經按照計畫進行了，但是事情之所以會做不完，是因為可以利用的時間根本就與做事要花的時間不符。首先我們要重新檢視計畫，確認一下「要做的事」是不是排太多了。如果是，那就稍做調整，例如先確定優先順序，不需要趕在今天做完的事情就挪到放假的時候再做吧！

家庭作業
30分鐘

0

花費的時間

30分鐘　游刃有餘

時間要有餘裕

假設我們計畫在 10 分鐘內寫完作業，要是無法如期完成，那就把時間拉長吧！訂立計畫要掌握一個訣竅，那就是時間要稍微有些「餘裕」。就算是才藝班的上下課時間也不要排得太緊湊，規劃行程時盡量多個 5 分鐘或 10 分鐘會比較好。

還要安排喘息時間

該做的事或許堆積如山，但是連續一兩個小時都在做同一件事的話效率未必會好。為了集中注意力，中間穿插一段休息時間或許會比較好。

要是因為長時間看書看到累的話，這樣反而會無法持續下去喔！

我回來了——

回來了呀！

咦？
妳不是5點
要寫作業？

吃完點心再寫～

妳電視
要看到什麼時候？
還不快寫作業了

好～

書桌怎麼這麼亂呀！
先整理一下好了。

懶得動了……

《 這麼做或許會改善…… 》

想越多，就越難執行

該做的事在動手之前就一直想著「好麻煩喔」或者是「好像會很累」的話，不想動手的心情就會越來越強烈。照理說，那些現在該做的事應該沒有那麼難，關鍵在於：要在想太多而覺得「很麻煩」之前開始行動。另外，如果把該做的事分成小事分段處理的話，這樣就會比較輕鬆。

就算是「該做的事」
也要樂在其中

若是一直抱著「好煩喔」的心態去做，不管做什麼事都只會覺得痛苦，而且毫無進展可言。人的行為和大腦是相連的。只要腦子一直想著「我不喜歡」，言行舉止也會跟著拖拖拉拉。反過來說，心裡頭若是想著「要做了喔」，動作就會跟著迅速起來，兩三下就把事情做完。所以就算遇到自己不擅長又討厭的事，也要發揮巧思，讓自己樂在其中。

例如……

・寫國文作業的時候，試著用喜歡的偶像名字來造句。
・如果是數學評量，就用計時器測量時間，以快速解答為努力的目標

激勵自己的技巧

使用定時器①

如前頁的範例所示，在寫數學評量之類的作業時，若以「快速解答」為目標，並用定時器計時的話，這樣不僅會更有動力，還能提早把作業寫完，堪稱一舉兩得。

每做 15 分鐘就休息 5 分鐘

據說學生專注的時間可以持續 15 分鐘。因此集中精神 15 分鐘之後就讓大腦休息 5 分鐘吧！只要重振精神，動力就會再次啟動喔！

使用定時器②

若是無法持續專注 30 分鐘，那就稍微縮短時間，例如 5 分鐘，在定時器響起之前的這段時間內就盡量做！試過之後說不定會發現自己的專注力其實是很強的！

待辦事項表貼在顯而易見的地方

要做的事寫在便利貼上之後就貼在明顯的地方。只要將其化為肉眼可見的形式寫下來的話，心中就會有股動力告訴自己「好了，來做吧」。

事情分段處理

就算覺得要做的事情非常困難，只要分段處理，心情就會輕鬆許多，覺得自己應該做得到。像是在寫需要調查資料的作業時，只要將其分成「決定主題」、「選書」、「看書」、「寫下理解的內容」、「總結」，問題就能迎刃而解了。

這裡介紹的方法固然不錯，但也可以採用其他方法。只要知道如何提振精神，就能讓自己成為一個凡事都想挑戰的人喔！

終點

跨出的第一步要簡單

若是覺得要做的事情「好像很麻煩」，那就先簡化第一個要進行的步驟，再正式動工。例如要寫國語作業時，第一個步驟是「把鉛筆盒和作業本放在桌上」，再來是「先寫一個字或一行字」。

準備一些「獎勵」

為自己的努力準備一個小獎勵，像是「這份作業寫完之後就把特地留下來的巧克力吃掉」等等。又比如安排了一個「每天練琴 15 分鐘」的行程之後，就自己做一張集點卡，練完就蓋個章。點數集滿之後，就準備一份特別的獎勵犒賞自己，這樣會更有幹勁喔！

不強求完美

事情還沒做就嫌麻煩的人當中，有些人會強烈覺得「一定要做得完美」或者是「不太想失敗」。認真以對固然重要，但是既然在家寫的家庭作業是練習，就算失敗或犯錯那又何妨？只要懂得從中學習就好了。

集點卡

17點　回家
　　　唸書
19點　吃晚餐＆洗澡
21點　睡覺

好了！
唸書時間到了！
先把作業寫完吧！

5分鐘後

嗯

好像
沒有辦法專心耶！

稍微
休息一下吧……

1個小時後

天哪！都幾點了！
今天一定要早點
寫完作業！

《 這麼做或許會改善…… 》

使用定時器
專注 15 分鐘

前文曾經提到，小學生專心的時間大約可以持續 15 分鐘。所以當我們決定好 15 分鐘要做某件事時，就可以按下定時器，盡量讓自己在這段時間內心無旁騖。因此當我們在某段時間內做某件事時，節奏一定要有快有慢，這一點很重要。

唸書的地方
不要放無關的東西

唸書的時候桌上只放學習會用到的東西。書桌上要是有漫畫或電動，唸書的時候就會不小心瞄到，這樣反而會讓自己分心。能夠把書桌還有房間整理乾淨的人，通常都會懂得如何安排時間。

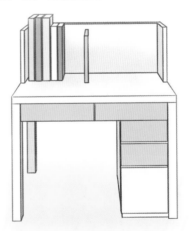

向家人宣布

「這個時間我要寫作業！」只要大聲正式向家人宣布，就可以讓自己更有動力，家人也會鼎力支持，就連經常找自己玩的兄弟姊妹也會安分一些，不打擾我們唸書。

只要正式向大家宣布，那就沒有機會偷懶了……

好好決定看電視、影片，還有打電動的時間

Good time-use

看電視(影片)及打電動的時間要固定

在安排一天的行程時，大家應該已經發現到這一整天該做的事還真是不少。但是看電視或打電動時間要是沒有限制的話，這樣該做的事就會沒有時間處理。電視和遊戲是一種會不斷給予刺激，讓人們沉迷其中、失去時間感的活動。所以我們要自己決定時間，並且只在這段時間內享受電視及遊戲帶給我們的樂趣。

電視若是一直開著，就算不是特別想看，也會忍不住一直看下去，結果時間就這樣溜走了……

看自己想看的電視節目是一種享受，但是一邊做事一邊看電視，或者是隨便打開電視打發時間的話不僅無法享受到精彩的電視節目，就連寶貴的時間也會有點浪費。

電視、影片和打電動妥善處理的訣竅

自己決定時間

既然行程的安排及執行的人都是自己，那麼在這個行程當中可以花多少時間打電動當然也要自己決定。

向家人宣布

規則決定好之後就同時告知家人。只要正式向大家宣布，遵守規則的心情就會更加強烈。有些家庭或許會再加上一條「遊戲時間要是沒有好好遵守，那就禁止打電動」，但還是希望大家遵守規則並不是因為怕受罰，而是因為這是自己決定的規則。

> 決定「每天玩 10 個小時的電動」，搞到最後一事無成的人也是自己喔……

沒有時間看電視的話那就把它錄下來吧

自己安排行程、看自己想看的節目是一種樂趣，這不是什麼問題。但是想看的節目時間要是和該做的事撞在一起，那就要想一下要先做哪件事了。電視節目應該可以錄影，之後再找時間看，對吧？

看影片也要有規則

網路的影片雖然可以隨時上網看，但是看完之後往往會被誘引到其他影片，除非是自己決定不看，否則看的時間通常會比電視還要久。因此影片也要自己訂一個規則，看是要一天看一小時，還是一天最多看三支影片。由此可見，利用定時器或鬧鐘來設定並管理自己的時間是一件非常重要的事。

 第 81 頁的課後行程表填好之後,有多少自由時間可以做自己想做的事情呢?

自由時間

> 1 天　　　　　小時

★在這當中,有多少時間可以用來
「看電視、影片以及打電動」呢?

看電視、影片以及打電動的時間

> 1 天　　　　　小時

 我的自由時間大約有 3 個小時。最想做的事是踢足球,所以我排了大約 2 個小時的時間來練球和跑步,剩下的 1 個小時用來看電視和打電動。

 想看什麼電視呢？把想看的節目寫下來吧！

一		(	：	～	：	)
二		(	：	～	：	)
三		(	：	～	：	)
四		(	：	～	：	)
五		(	：	～	：	)
六		(	：	～	：	)
日		(	：	～	：	)

★以上列出的節目當中，非看不可的是哪一個？
　將前三名圈出來吧。

 與電視、電影和電動的互動方式安排好之後，再將規則
寫在下面。

我想到的規則是「平日不打電動」及「六
日最多玩 2 個小時」！

安排時間的技巧

利用空檔時間

空檔時間指的是像在晚餐上桌前這段需要等待的時間。這樣的空檔時間非常短暫，或許只有 5 分鐘或 10 分鐘。那麼在這麼短的時間內我們可以做哪些事情呢？整理隔天上課的書包、朗讀等作業都可以，對吧？

等待洗澡或者是搭公車前往才藝班的時候，說不定會意外找到一些空檔時間喔！

聚沙成塔，積少成多

雖然每天只有 5 分鐘，但一個月加起來就有 150 分鐘。若是要處理比較耗時的事，那就把它分成好幾段短暫的時間來做。像是份量較為厚重的書在閱讀時通常都要花上一段時間，這時就可以選擇一天看 5 分鐘這個方法。

5分鐘就好！

掌握大腦靈活的時段

讀書通常都有一個適合的時段。像是寫作或者是設計電腦程式等需要動腦思考時，選擇上午效果會比較好，因為早上十點到下午兩點是頭腦最靈活的時段。如果是算數之類的事情，那麼下午四點到晚上八點這段時間做會比較好。但時間要是太晚，那些需要集中精神才能完成的事就會無法展現好成績。

順便告訴大家，活動身體的最佳時段是下午四點到晚上八點。這可是夜練足球的最佳時段喔！

懂得安排時間的人似乎都會用上這樣的訣竅，請大家多加參考運用喔！

利用早上這段時間

要是有些事情無法在睡前這段時間完成，那就想想看能不能移到隔天早上再做。例如放學回家後要是因為上補習班或才藝班而忙得不可開交，那就早點起床，用這段時間來寫作業或在家學習。畢竟睡眠是一件非常重要的事，所以大家請盡量早起喔！

不要「一心兩用」

同時做兩件事，例如一邊看電視一邊寫作業非但無法集中精神，到頭來會連作業都寫不完的。時間若是安排寫作業，那就好好把電視關掉，並在可以專心的地方寫作業。

穿插一段休息時間

學習的時候若是需要長時間集中精神，中間穿插一段休息時間會比完全沒有休息還要有效率。但要注意的是休息時間如果太長，這樣學習效率反而會打折。所以讀書的時候不管是為了大考還是小考，需要背東西時要是能夠在中間穿插一段休息時間，反而可以幫助提升記憶力。

把時間存下來

盡量以有趣的方式來管理時間，例如做張集點卡，該做的事要是在時間內完成的話就可以得到一點。要是提早做完，那就在瓶子裡放顆彈珠。瓶子要是裝滿了，就可以利用這段存下來的時間與家人外出去走走了。

雀躍的時光要好好珍惜

把時間花在令人興奮的事情上是人生一大要事。
一定要安排時間從事喜好,好讓心情更加愉悅!

有沒有忽略「想做的事」呢?

按時完成「該做的事」並不是時間管理的最終目標。我們還要把時間花在喜好上,這樣管理時間才會有意義!享受喜好與想做的事可以讓自己神采奕奕、茁壯成長。所以就讓我們再次檢視一下自己安排的行程表,看看「令人興奮雀躍的事」有沒有排進去。

想做什麼就做什麼吧!

不管是彈鋼琴、看書、看電視劇或動漫、陪寵物玩、做東西,還是運動……做的時候會讓你渾然忘我、樂此不疲的事情是什麼呢?這段讓自己的情緒如此澎湃激盪的美好時光一定要好好珍惜喔!

什麼是真心喜歡的事情？

沒有人拜託也會「想做的事」是什麼？

只要是真正想做的事，就算沒有人要求、沒有人稱讚，自己也會想要去做。像這種會讓自己「想做的事」，就是打從心底喜歡的事。

→

在做這件事的時候開不開心呢？

在做自己喜歡的事情時應該會格外開心，也會覺得時間過得特別快。然而就算是因為想做而做的事，有時卻未必會樂在其中。若是這種情況，那有可能是為了打發時間才做的。

聆聽自己的心聲

人們大腦思考的事往往和心裡所想的不一樣。因為「該做的事」是經過大腦思考判斷而來的，但是「想做的事」卻是打從心底想做的事。要是只聽大腦的聲音，就會察覺不到心裡的聲音。久而久之心情就會越來越鬱悶。這個時候不妨問問自己：「究竟想要怎麼做？」只要養成思考的習慣，應該就能找到自己想做及讓自己開心的事了。

大腦的聲音
評量寫完之後要趕快寫國文！

內心的聲音
事情多到讓我好累，好想休息一下喔……

習題

會讓妳雀躍無比、
想要身體力行的事是什麼？

1 讓妳覺得「時間轉眼就溜走」是什麼時候？

2 光是「想像」就足以讓妳雀躍不已的事情是什麼？

應該是「和朋友聊天的時候」、還有「做勞作」、「看喜歡的偶像上電視節目」的時候吧？

試著傾聽自己的心聲。
這種時候心裡頭在說什麼呢？

老師出了很多家庭作業的時候

 大腦的聲音

內心的聲音

大腦的聲音

鋼琴成果發表會即將到來的時候

內心的聲音

一天做不完的事，就嘗試在一週內做完

確認「優先順序」，挪到其他日子也 OK ！

要做的事情太多，搞不好一天會做不完……遇到這種情況，那就先做重要而且緊急程度高的事情，其他的就看看能不能改天再做。例如在家如果有每個月的線上課程習題與學校的家庭作業要寫，那麼就要優先處理家庭作業。線上課程的習題這個月內寫完就可以的話，那麼就在一週內挑選一個時間比較充裕的日子把它寫完就可以了。

> 舞蹈課及家庭作業是星期三非做不可的事，那麼線上課程的作業就挪到沒有功課的禮拜六做好了。

未來的情況

星期三我要去上跳舞課，能夠利用的時間比平常少了一個小時。

★所以週三要做的優先事項是……

重要程度高

家庭作業

舞蹈課　　　　　　　　　　線上課程習題

緊急程度高 ← A B / C D → 緊急程度低

重要程度低

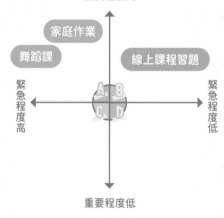

把該做的事分成「當天做完」和「一週內做完」之後填寫在表格裡吧！

當天做完	一週內做完

 要上才藝班等較忙碌的日子是星期幾？

星期

比較忙碌的那一天，可以排到其他日子處理的預定行程是哪個呢？打算安排在什麼時候做呢？

什麼時候做？

→

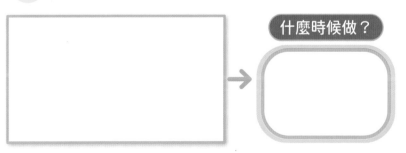

忘東忘西
會浪費時間喔！

Good time-use

「不會忘東忘西」也是
安排時間的訣竅

東西要是忘了帶，那段時間原本要做的事情就會無法完成。最淺顯易懂的例子，就是要上游泳課的時候若是忘了帶泳衣或游泳卡的話就不能下水游泳了。家庭作業也是一樣，好不容易寫好了卻放在家裡忘記帶，這樣有寫和沒寫還不都一樣？在這種情況之下有些東西可以借，但還是盡量不要忘記帶東西，而且還要好好掌握時間。

上美勞課的時候我就是忘記帶勞作要用的材料，結果想做的東西做不成，真的欲哭無淚。

提到忘記帶的東西，有天上課要帶直笛去，結果一時找不到，害我花了一個小時在找，這樣說不定也算是浪費時間吧！

不忘記帶東西的技巧

寫在白板或便利貼上

最簡單的方法就是將要帶的東西寫在白板或便利貼上，等放進包包後再把字擦掉或把便利貼撕下來。

到家時取出包包裡的所有東西

學校老師發的單子交給家裡的人，如果有需要準備的東西就請家裡的人幫忙準備。這個時候家庭作業也順便拿出來，檢查過後就放在書桌上。

教科書及筆記本收放地方要固定

教科書與筆記本等學習用品收的地方只要固定，就不會只帶到課本而忘記筆記本了。建議大家收在書桌最上層的抽屜裡。

○ 水彩筆

 習題 動動腦筋吧！

隔天上課的書包妳覺得什麼時候整理比較好呢？
決定一個整理的時間吧！

隔天上課書包的整理時間

把它寫在第 81 頁填寫的行程表裡。

只要前一晚準備好 隔天就會神采奕奕

我前一天晚上要是洗頭，頭髮通常都不吹乾就直接睡覺，所以隔天早上都要趕緊把亂翹的頭髮梳直才行……

只要每天勤保養 隔天早上就能從容不迫

早上到了某個時間就一定要出門的話，妳會不會因為沒有時間而來不及梳妝打扮呢？

早上時間不夠用的時候若是還有一堆事還沒做完的話，這真的會讓人慌張不已、手忙腳亂，是吧？建議大家不妨前一天先選好隔天要穿的衣服，能做的事情先做好。

另外，頭髮及肌膚要是能夠天天護理保養的話，打扮起來不僅會更有趣，出門時也會更有自信。

我也是～我都要到快出門的時候才會發現襪子破了一個洞，不然就是襯衫掉了一個鈕扣。

― 選好要穿的衣服 ―

如果能夠在前一天，而不是在匆忙慌張的早上選衣服的話，就能夠慢慢思考隔天要怎麼打扮了。但是要先確認天氣與氣溫、要上的課及預定行程，之後再來挑選要穿的衣服。

這個時候要是能夠同時檢查衣服有沒有皺褶或汙垢，換衣服的時候就不會因為突發狀況而慌張了。

呵護秀髮

在浴室裡洗完頭髮之後先用毛巾擦乾水分，再用吹風機吹乾。頭髮沒有吹乾就直接上床睡覺的話，隔天早上起床的時候就會亂翹，這樣頭髮反而會更難梳。

呵護肌膚

肌膚不需要特別保養，只要每天洗澡和洗臉，就能預防皮膚變得粗糙。皮膚若是太過乾燥，洗完澡之後就塗上一層乳液吧！

這幾個地方也檢查一下吧！

☐ 指甲長不長？

指甲太長會斷裂，這樣不僅危險，汙垢也會非常容易囤積在指縫中，所以要定期檢查修剪。

☐ 手帕和紙巾準備了嗎？

整潔是打扮的基本原則，所以每天都要帶條乾淨的手帕出門。穿的衣服要是沒有口袋，那就收在側背包裡。

☐ 鞋子髒不髒？

好不容易把自己打扮得漂漂亮亮的，鞋子若是太髒，花費的心思豈不是白費功夫了？所以鞋子要是髒了，那就自己動手刷洗吧！

放鬆心情的時間也很重要！

偶而讓身心好好休息

現在的妳心裡頭是不是這麼想：要做的事堆積如山，時間都已經不夠用了，怎麼還會有時間放鬆心情，好好休息呢？其實越是這樣的人，就越需要什麼都不做，讓自己放輕鬆、喘口氣。因為不管是放鬆心情還是好好休息，都與安排時間息息相關。人要是無時無刻都拼得死去活來可是會累倒的。而這段讓身心休息的時間，可是補充體力、提升活力的必要時段喔！

所以睏了就不要硬撐，想睡就去睡。只要身體對妳說它累了，那就好好休息吧！

除了腦裡的聲音和心裡的聲音，還有「身體的聲音」喔！只要覺得自己好像沒有什麼精神或者是不舒服，那就表示身體在告訴妳「它想休息了」。在這種情況下千萬不要逞強，一定要好好休息。

如果練足球練得很累，當天都會早點睡，等到隔天早上頭腦清醒後再寫家庭作業。

發呆放空、想東想西並不是浪費時間

妳是不是有時候會心不在焉、想這想那的，什麼事也不想做呢？看在別人眼裡或許會覺得妳好像無所事事，但其實這個時候的妳，腦子裡和心裡說不定一直在運轉呢！

像這樣想東想西、面對自己的時間也很重要，因為「真正喜歡的事情」以及來自內心的聲音通常都要面對自己的心才能察覺到，所以我們要偶爾獨處，好好與自己的心靈對話。

不知道為什麼，總覺得什麼事情都不做的話會有點浪費時間，所以我都會把行程塞得滿滿的。

太過在意他人的想法是得不到發呆恍神的時間。先來檢查一下大家有沒有好好珍惜自己吧！

有沒有好好珍惜自己的時間呢？

☐ 朋友約我的時候就算去的意願不大還是會答應他們

與朋友往來固然不錯，但是也要坦承面對內心的聲音。不想去的話直接婉拒對方就好了。

☐ 別人的事情總是比自己的事情優先處理

善良體貼的妳總是為別人著想，但是也要懂得善待自己。就讓我們想想要是這麼做的話，日後會不會對自己造成困擾吧！

☐ 無法獨處

和朋友在一起是件開心事，是吧？但要是只有自己一個人的話，妳會不會覺得不知所措，不知道該做什麼好呢？既然如此，那就想想自己喜歡的事吧！

想一想調適心情的方法吧！

要是感到疲憊或者是沮喪，那就好好調適心情，讓身心休息一下，試著找到一個適合自己轉換心情的方法。

 心情不好的時候，最想和誰在一起呢？

 最近是否會感到疲倦或沮喪呢？那個時候的妳在做什麼呢？

當自己參加足球比賽輸球時，我會將懊悔的心情整個寫在筆記本裡，這樣整個人會舒暢許多。

 當妳感到疲倦或沮喪時，可以去哪裡調適心情呢？

 採訪一下家裡的人、老師和朋友等身旁的人,看看大家都是怎麼調適心情的。

我們老師說他會聽歌、睡覺,不然就是大吃大喝。那我也要試試看好了!

 想出三種可以調適心情,並讓自己更有精神的最佳方法,將它寫在下方。

最佳方法 1

最佳方法 2

最佳方法 3

column

幫忙做家事
培養「規劃能力」

就算是蓋大樓，也要從小地方開始慢慢堆砌才能完成。同樣的，不管過程有多辛苦，只要把該做的事化解成一個個小小的任務，就能循序漸進，向目標邁進。先將必要的工作分段，之後再思考如何達到終點，這樣的能力就叫做「規劃能力」。這種規劃能力是在上班的大人必備的基本能力。只要從小訓練，就能慢慢培養。而幫家裡的人做家事，就是培養「規劃能力」的一種訓練方式。家事當中需要經過好幾個步驟才能完成、非常適合用來訓練規劃能力的就是煮飯。煮一頓飯需要經過洗菜、切菜、煮菜及上菜等各種工作。因此煮飯的時間要從大家開飯的時間反算回去，一邊分配時間，一邊進行才可以。

試著挑戰這些 家事 吧！

● 打掃所有房間

這樣可以培養出從哪個房間、要按照什麼樣的順序打掃的思考能力。

● 飯後幫忙洗碗

一家人吃飯應該會用上不少餐具吧？不管是洗碗、擦碗還是收碗，通通都有訣竅。

我想請媽媽一邊教我，一邊挑戰煮菜♪

Part 3

懂得善用「長時間」

較長的時間若是能夠分段思考，就會比較容
易規劃♪接下來爲大家介紹一天、一週或一
個月等較長時間的規劃技巧。

學校的暑假也算是「長時間」喔！
未來時間若是很多，會想要做什麼呢？

嗯……我想看書或看電影。對了，新出
來的電動也想要破關看看！想做的事情
太多了，這要怎麼安排呀？

時間一長，能做什麼？

時間越長，能做的事也就越多喔！
先想一下多長的時間可以做些什麼事吧♪

就算一天只有 10 分鐘
一年加起來就會超過 60 個小時喔！

擁有的時間越多，能做的事情就越多，就算時間被切得很碎也沒關係。以每天訓練體能 10 分鐘為例，只要持續一個月，就能累積 5 個小時，一年的話就會超過 60 個小時喔！只要日積月累，往往會不小心浪費的一小段時間也能累積成一大段時間的。當然，一個禮拜或一個月要是累積起來的話，這段時間就會變得更長。總之先想想看自己能用多少時間做哪些事吧♪

 習題 **動動腦筋吧！**

下列這幾件事可以在一小時內完成的有哪些呢？請在□裡打 ✔ 吧☆

□ 煮晚飯	□ 寫國語評量	□ 洗澡
□ 看一本小說	□ 遛狗	□ 來回學校和家裡
□ 記住 30 個國家的名字	□ 走路超過一萬步	□ 擦家裡的地板

如果每天都做一點點，你能在一週內收拾好房間嗎？

習題 **動動腦筋吧！**

想一想哪些事情一天雖然做不完，
但是只要有一個禮拜就可以完成。

> 例 組裝一個大模型

想一想哪些事情一個禮拜雖然做不完，
但是只要有一個月就可以完成。

> 例 觀察植物的生長過程

想一想哪些事情一個月雖然無法完全學會，
但是只要有一年就可以完成。

> 例 學會彈鋼琴

我今天要用功唸書一個小時！

10分（複習）
20分（國語）
30分（數學）

想想要怎麼分配時間

時間分段之後再來思考，這樣不管遇到什麼事都會變得比較容易安排。假設我們現在決定要「唸一個小時的書」，那麼就可以把這一個小時切割成數學評量30分鐘，國語評量20分鐘，至於剩下的10分鐘就用來複習今天的上課內容。時間若是更長，一樣可以如法炮製，1個月的預定行程就按週安排，1個禮拜的預定行程就按日安排，1天的預定行程就按小時安排。只要秉持這個觀念，安排行程時就會更有概念喔☆

注意！行程不要排太滿！

劃分時段、安排行程時要注意，千萬不要把時間都塞滿。安排行程時把時間分成小段固然不錯，但是不要分得太細，否則會被時間追著跑，到頭來那些該做的事反而會搞得一團糟。時間若是快到了，那就盡量在預定的時間內完成，之後再繼續下一個行程，或者稍微調整一下順序，將不急的事情挪到隔天再處理！

準備手帳或日程表會更方便！

在思考如何善用長時間時，手上若是有手帳或日程表的話會更方便喔！第124頁有一整個月的日程表，大家在規劃行程時不妨善加利用♪

設定一個終點吧

安排行程時，剛開始要先設定一個終點。這個終點相當於目的或目標，像是「音樂會」這種需要準備或者是「家庭旅行」這類有趣的活動都可以設定成目標喔。目標的日程若是決定好，就可以直接寫在手帳裡！

【目標範例】

國語考試

鋼琴發表會

生日派對

運動會

凸顯目標，提升動力 ↑↑
預定的目標寫好之後用螢光筆或彩色筆畫線或圈起來，使其更加醒目。只要看到這個預定目標，整個人就會更有幹勁喔♪具體的標示方法在第 121 至 123 頁也會介紹，要記得參考喔★

填寫詳細的行程吧

目的（目標）決定好了之後，接下來就要想一想邁向這個終點的具體行程了。在規劃行程細節時，建議大家先把當天要做的事情一一列出來！先寫出要點，之後再來考量優先順序。

安排行程的流程

列出待辦事項清單

先製作一張到當天為止的「待辦事項清單」。具體的清單寫法可以參考右頁。

考量優先順序

再來要想一想待辦事項的優先順序。這個時候可以從需要優先處理的事情開始安排喔！

以「天」為單位來思考

可以參考第 116 頁的解說，也就是時間分段之後再來考慮優先順序！

在製作

待辦事項清單時……

在列出待辦事項時，先把想到的事情寫在紙上。右邊的便條紙所寫的是爲妹妹策劃生日派對的待辦清單範例。剛開始規劃時不管是什麼小事都要寫下來喔！之後再根據清單內容安排先後順序，並且將預定的行程寫在手帳裡。

派對前要做的事

- 和媽媽討論，決定日程
- 邀請朋友
- 製作及寄送邀請函
- 準備禮物
- 準備蛋糕和食物
- 規劃派對的內容
- 打掃及整理家裡
- 布置房間

讓我們根據清單來填寫行程吧！

日	一	二	三	四	五	六
		1	2	3	4	5 和媽媽商量
6	7	8	9	10	11	12 製作及寄送邀請函
	← 邀請朋友 →					
13	14	15	16	17	18	19 準備禮物
			← 思考派對內容 →			
20	21 訂蛋糕	22	23	24 打掃整理	25 布置房間	26 買食物
			← 打掃整理 →			
27 拿蛋糕 派對	28	29	30	31		

這個是家庭聚會，所以不要忘記先和家裡的人商量還有整理房間喔♪

119

試著訂立計畫吧!

的計畫

★前一天要做的事

事情	需要的天數

★當天要做的事

 真正要訂立某個計畫時可以善用這張表格喔♥

填寫方式多下功夫

接下來要介紹幾個手帳的填寫技巧。只要稍微花點巧思，預定的行程看起來就會一清二楚喔♪就讓我們一邊參考下方這個例子，訂好自己的規則，寫出一張淺顯易懂的行程表吧！

比賽之前的計畫表

6月

行程表

日	一	二	三
	1	2	3 這之前背下曲目！
7	8	9	10
手指訓練⑮			
14	15	16	17 18
★確認著拍		手指訓練⑯	
	22	23	24 25
		曲目最後確認	26 17:00~鋼琴
29	30		27 正式上場!! ○△廳

17:00~鋼琴

館室預演 15:00~（正裝）

加油!!

橫跨好幾天的行程用箭頭連起來吧♪

安排的行程如果會持續好幾天，那就用箭頭連起來，這樣就不用花太多時間寫字了！像星期五寫的「上課」等行程每週的時間若是固定，直接畫個箭頭拉下來也 OK 喔！

按照預定的行程類別畫上不同的圖示

如果能夠按照預定行程選擇適合的圖示，這樣手帳看起來會更加清楚喔♪像學校的行程就用鉛筆圖案、和朋友有約的話就用音符圖案等等。讓大家一起動動腦筋，設計幾個專屬的圖案吧！

手帳花樣技巧

哇！這也太厲害了吧！用螢光筆畫線之後，重要行程真的一目了然耶！

7月 行程表

日	一	二	三	四	五	六
備忘錄 □確認暑假飼養值日生的日子 □還書（到17/16）			1	2	3	4 上美容院 15:30
			16:00～補習班	9	10	11
5 □漫畫發售日（180元）	6	7 七夕	8 逃難訓練（不要忘記帶手帕!!） 16:00～補習班		17 結業式	18 暑假 START!
12	13	14	15 16:00～補習班	16 □還書!!		
19 游泳（上午）	20	21 游泳（上午）	22 16:00～補習班	23 海の日	24 スポーツの日 全家去露營	25
26	27 游泳（下午）	28	29 16:00～補習班	30	31 煙花大會 17:00神社	

本月目標
這個月東西都有帶!!

\\行程豐富＋玩心十足♥//
優等生派花樣

優等生派的行程安排重視一清二楚的內容。重點在於搭配插畫、貼紙和紙膠帶等工具，讓整張行程表看起來更可愛♪不可以忘記的事只要寫在備註欄裡，這樣就不會犯錯了喔！

重點

善用螢光筆不僅更好找行程，整體感覺也會更加一致喔！重要的行程以及令人期待的活動只要用螢光筆畫線或圈起來，這樣看起來就會更顯眼♪

利用插圖和貼紙凸顯差異！
個性派花樣

行程表及空白處可以畫上了洋溢少女氣息的圖案喔♪不管是花朵、蛋糕還是鋼琴，這些插圖都可以配合當天預定的行程畫在旁邊，讓氣氛更加熱鬧♡另外「美容院」及「看牙齒」之類的行程也可以用對話框的方式來寫。

重點

像 11 號和 19 號這些有活動的日子要是能夠在日期旁的角落畫個拉旗圖案，整個感覺就會變得非常可愛喔♥這可是看似簡單，卻能瞬間增添少女氣息的實用技巧喔！

4月
行程表

本月目標
這一個月東西都有帶！！

日	一	二	三	四	五
			1 愚人節	2 17:00～鋼琴	3
5	6 開學典禮（只上半天！）	7	8 16:00～美容院	9 17:00～鋼琴	10 看牙齒
12	13	14	15	16 17:00～鋼琴	17
19 準備有紗的禮物	20	21	22 有紗生日	23 17:00～鋼琴	24
26 去奶奶家玩！	27	28	29 昭和之日	30 17:00～鋼琴	

（4 遊樂園 11 / 18 / 25）

空白處也有畫插圖及貼貼紙，真的很可愛★

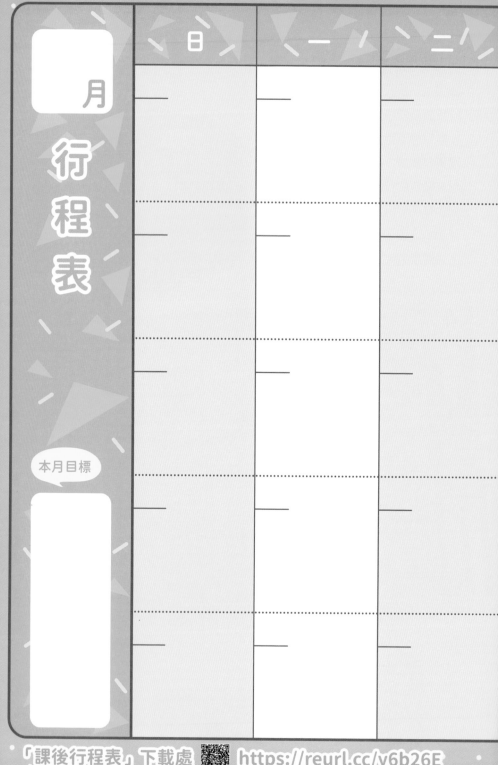

月	日	一	二
行程表			
本月目標			

利用暑假完美變身！

Good time-use

暑假是開始新事物或克服弱點的最佳時期喔♪

暑假是蛻變的大好機會！懶散度日可是會浪費青春喔！

只要暑假一到，就會想要和朋友一起玩、游泳、去旅行，還有打電動，想做的事根本就數也數不完。但是也有人會因為自由時間變多而不小心過得越來越懶散，是吧？暑假期間擁有一個豐富精采的生活是一件非常重要的事。只要好好善用暑假，克服弱點、接受新的挑戰絕對不是問題♪不僅如此，暑假還是一個改變自己的大好機會喔！

7:00 起床

啊～……

10:00 寫作業

加油吧！！

13:00 出門

我出門喔一

未來的學校秋天有田徑比賽吧？要不要利用暑假練習跑步呢？

我跑步很厲害的，所以放完暑假再開始練習應該可以吧。我想我應該會被選為接力賽的選手♪

暑假有努力練習的話，結果會完全不同。不信的話我們來看看！

讓暑假更加充實的 5大提醒

就算是暑假，該做的事還是要做，這樣才能樂在其中喔！

提醒 1
設定目標，挑戰自己

除了課業及才藝，我們的目標也可以放在和日常生活有關的事情喔。例如「每天看書」或「打掃浴室」。而最重要的，就是要好好努力，達成決定的目標！

提醒 2
生活節奏，好好保持

暑假期間的生活得比平常上學的時候還要輕鬆固然不錯，但是生活節奏若是能夠盡量維持的話會更完美。不管是起床還是吃飯，生活都要盡量有規律、有節奏！

提醒 3
尋找興趣，努力追求

能夠將時間投入在自己的嗜好及興趣上也是放暑假的一大樂趣！不僅可以獲得新知、學習技能，搞不好還會有意想不到的發現與邂逅☆

提醒 4
竭盡全力，克服弱點

暑假是克服弱點的大好機會！因為時間非常充裕，只要努力一點，多少都會有進步的。除了學習與運動，練習吃不敢吃的東西或者是把字寫得工整一點也可以喔。只要能克服弱點，整個人就會更有自信！

提醒 5
按照計畫，完成作業

暑假的最後一天臨時抱佛腳趕作業……為了避免此慘況發生，暑假作業要按照進度好好完成！最理想情況，就是在上午寫暑假作業。當天安排的作業只要寫完，外出時心情就會格外輕鬆愉快！

下一頁會具體解說安排技巧♪

提醒 1 設定目標，挑戰自己

**只要好好設定目標
生活就會更加精采**

只要事先訂下目標，這樣就能度過一個更加充實的暑假了！因為有了目標就會自然而然開始思考「實現目標的方法」。假設我們訂了一個「看五本書」的目標，那麼就會想要去買書、去圖書館借書，甚至抽出時間看書。如果妳是那種會慵懶度日的人，那就為自己的生活訂立一個目標吧！

閱讀 5 本書！

達成目標的建議

思考目標時內容要明確！不要只是單純的「看書」，內容要具體一點，例如「暑假期間讀 5 本書」，這樣執行的時候才會有動力♪

\\ 試著**挑戰**這些事吧 //

- 寫完一本國語評量
- 每天晚飯後幫忙洗碗
- 學會游泳 25 公尺
- 記住 50 個國家名稱
- 學會料理馬鈴薯燉肉
- 挑戰英文檢定考

習題 2 **動動腦筋吧！**

1 暑假想要挑戰什麼事？

2 暑假想去哪裡？

3 暑假想看的書或電影是？

多寫一些沒關係喔！
要是能在放暑假前想好的話那更棒★

生活節奏，保持規律

記得別當夜貓子喔！

趣事多多的暑假往往會讓人忍不住想要熬夜繼續玩，是吧？偶而爲之或許還可以，但要是因爲每天太晚睡而變成夜貓子的話，皮膚與頭髮就會失去光澤，視力也會變差喔！不小心熬夜的話要多加留意，盡量不要打壞生活的節奏。

想看的節目若是很晚才播，那就把它錄起來吧！

妳的生活是不是這樣過呢？

暑假生活檢查表

回顧一下自己的生活，若有符合的項目就在方格裡打 ✓！

☐ 假日都 10 點左右起床	☐ 打電動時會超過規定的時間
☐ 晚上睡覺前會滑手機	☐ 有時整天穿著睡衣
☐ 飯後會吃零食	☐ 有時三餐不正常
☐ 有時會不洗澡	☐ 有時會沒寫作業
☐ 刷牙時間延後	☐ 早上起床後有時會睡回籠覺

☑ 打勾超過 5 個的人請注意！要重新檢討一天的生活方式了。

每天起床時間要固定！

就算是暑假，每天起床的時間也要固定，這才是最理想的生活方式。
每天早上只要固定時間起床，吃飯、洗澡及睡覺的時間就會大致相
同，這樣一天的生活就會非常規律喔！話雖如此，暑假期間放鬆心
情，讓身體好好休息也很重要，偶爾放下一切睡晚一點也不錯♪

每天愉悅甦醒的重點

大聲說出起床的時間

晚上睡覺前試著大聲說出「我明天要 7
點起床」看看，這樣大腦就會記住起床
的時間，並且潛意識告訴自己「7 點要
起床」！只要這麼做，這天起床的時候
一定會比平常還要有精神喔♪

鬧鐘放遠一點

按下鬧鐘之後又會再繼續睡的人，建
議把鬧鐘放在離床遠一點的地方。只
要下床去按鬧鐘，就能避免自己睡回
籠覺！起床後還要立即洗臉，這樣整
個人就會更清醒。

重新檢視睡前習慣

早上起床若想神清氣爽，那就要好好
檢視睡前習慣。睡覺之前絕對不可以
滑手機或打電動。為了讓自己睡個好
覺，睡前三小時一定要用完餐，要睡
的時候就先稍微做個伸展操再上床。

可是我睡前要是口渴
會想喝果汁耶……

喝果汁其實也不行。要
是口渴，那就喝水或不
含咖啡因的麥茶吧♪

提醒 3 嘗試感興趣的事物吧！

**緊緊抓住夏天
盡享「喜愛」之樂吧！**

暑假也是追求喜好的大好機會喔！要是對某件事感興趣但卻一直找不到時間接觸的話，那就趁這個暑假挑戰看看。不管是運動、學習還是打扮，通通都可以。當然，妳也可以利用這段時間讓正在進行的事情提升到另一個更高的境界♪

例如……

接觸小生物

平時與動物互動的機會若是不多，那麼到動物園或水族館實際與牠們互動，或者去可以接觸動物的咖啡廳坐坐應該也不錯喔！勾起興趣之後再深入調查，進一步了解生物的生態及飲食生活也可以★

挑戰做點心

喜歡烹飪的人可以試著挑戰難度比平常高一點的點心！像是在裝飾上多花點巧思，或者發明獨家食譜也可以。最後再包得漂亮一點，與家人及朋友分享，相信對方一定會很開心的！

探索寺廟與城堡

參觀寺廟或城堡等歷史建築應該也會很有趣！走訪這些傳統建築時，說不定會覺得時光好像回到了從前。要是能參觀一些曾是歷史舞台的地方還能了解歷史，真是一舉兩得♪

我喜歡火車，想搭火車到遠處去走走！

除了自己感興趣的事情，挑戰一些能幫助別人的事也不錯喔！不管是當志工還是協助當地團體舉辦活動，總之先寫下暑假這段期間自己能夠做哪些事情，幫助他人吧！

日期〔　　年　　月　　日〕

日期〔　　年　　月　　日〕

日期〔　　年　　月　　日〕

自己有興趣的事情要是能夠幫助別人那有多好呀！
那我想申請朗讀志工活動♪

克服弱點，增加自信

**每克服一次弱點
就會對自己更有信心！**

不太擅長的事情要是能慢慢變得熟練，整個人就會變得更有自信。像是不太會游泳的人不妨暑假這段期間好好特訓。當然，其他運動、學習、烹飪、手工藝也 OK 喔！就算是微不足道的事，每過關一次，成就感就會越來越強烈。所以就讓我們利用暑假好好克服弱點吧！

試試看吧！

善用便利貼，提升成就感↑↑

待辦事項清單！

• 寫作業！ ✏
• 整理房間！ ✂
• 把書看完！ 📖

雖然想克服弱點，但又提不起勁的話，這時候不妨試著把該做的事一一寫在便利貼上。每完成一件就把它撕下來，這樣就能具體看到自己完成了哪些事，心中的成就感也會越來越多喔！

原來便利貼運用範圍這麼廣泛，真的是實用又方便耶～！

提醒 5 按照計畫，完成暑假作業

安排行程時盡量讓暑假作業早點寫完

暑假作業最好能按照計畫循序漸進，但是有時候朋友會突然約我們出去玩，使得計畫無法如期進行。為了應對這種情況，安排的時候建議將所有的暑假作業排在暑假結束前一週完成。如此一來就算計畫有變，也能從容應對，調整安排喔♪

提高專注力的重點

利用不同類型的暑假作業讓腦筋更靈活

像是寫完國語評量之後換寫數學評量等等，寫的科目不同，腦筋運轉就會更靈活，精神也會更集中喔♪

換個環境重新集中精神

要是已經無法繼續集中精神，那就換個看書的環境吧！例如從自己的房間移到客廳，或者去可以自修的公共場所也可以。

暑假作業對策技巧

按照計劃如期完成！

接下來要介紹幾個讓暑假作業能稍為順利完成的技巧♪大家不妨多加參考！

● 評量類

評量類的暑假作業基本上要每天安排頁數來進行。與其一口氣寫完一個科目，不如所有科目一次寫個幾頁，這樣才能集中精神喔！其實每天都寫是最理想的，但有時候會因為臨時有約而影響進度，因此要偶爾回頭看看自己進行到哪裡，確認一下進度有沒有跟上計畫。要是落後了，那就趕緊把進度拉上吧！

想像中——♪

那個……

偶爾放自己一天假也不錯

安排評量類的暑假作業時，不妨在中間穿插一個休息日。假設星期一到星期六每天都要寫暑假作業的話，那麼星期天就好好休息。只要安排一個休息日，這樣就不會枯燥乏味了！

今年老師發的評量有夠厚的……這暑假寫的完嗎～（哭）。

● 讀書心得

很多人聽到其中一項暑假作業是看書寫心得時，通常都會叫苦連天！因此我們要告訴大家讀書心得的寫法以及寫作時的幾個建議♪

• 怎麼寫讀書心得 •

① 選書

先選一本書。主題若是已經訂好，那就選本符合主題的書吧！

↓

② 讀書

把挑選的書看完。在閱讀的過程當中若是看到讓人印象深刻的段落或句子，那就寫在筆記本裡。

↓

③ 寫下心得

書看完之後就提筆寫心得，要是不知道該寫什麼，可以參考下列幾個重點♪

不知該寫什麼內容時……

按照這樣的順序整理感想吧！寫感想時要是能夠加入自己的親身經歷會更好♪
● 選擇這本書的理由
● 內容摘要
● 最有趣的地方 & 原因
● 第二個有趣的地方 & 原因

嗯……

要是不知道該選哪本書時……

那就請教一下學長姐或家裡的人

我想想喔……

例如○○？

對吼！

或者去圖書館找書

有時候書店也會設置一個專區喔♪

讀書心得推薦書籍

大力推薦

● 自由研究

深入研究感興趣或關心的事物再加以整理總結，這就是自由研究。除了進行方法，自由研究的另一個重點，就是如何結論♪既然花了這麼多心思研究，當然要簡單明瞭的與大家分享成果，所以先讓我們來看看總結的重點吧！

我太過專注在決定主題上，完全沒有想到要怎麼整理總結……

重點整理

步驟

1、研究主題

2、選擇這個主題的理由

3、研究過程（內容）

4、研究成果

5、研究感想

6、參考資料等

基本上只要按照左邊這個步驟慢慢總結就可以了。在提出結論之前若是有預測的結果，自行調整內容也可以。感想部分若能寫下今後打算深入研究的事情，或者要如何在日常生活中應用這份研究那更好。

不要忘記列出參考資料

研究時參考的書籍、網站標題、實際走訪的地方，以及受訪者的名字最後都要好好整理，一一列出來喔！

● 觀察日記

觀察日記要記錄植物及昆蟲每天的變化，因此可以固定一個時間來進行，例如吃完早餐後立即觀察和記錄等。總結的時候要是能夠花些心思，搭配插圖、照片或圖表的話，整份報告會更容易讓人理解♪

・ 觀察日記的流程 ・

① 決定觀察對象

最典型的就是觀察牽牛花、小番茄等植物的生長過程、螞蟻築巢的方法，或者幼蟲變成蝴蝶的過程。盡量挑選一個自己感興趣的主題吧！

↓

② 觀察時間固定

每天的觀察時間盡量一樣。植物的話最好是早晚兩次，昆蟲及動物的話就早上一次，要選擇一個適合觀察的時段喔！

↓

③ 整理觀察結果

觀察結果整理之後要寫在日記裡。最好再附上插圖和照片，這樣就能夠看出每天的變化了！至於開花及結果的數量就用表格或圖表來呈現，這樣比較好懂♪

觀察建築物的建造過程以及星星的動態也很有趣喔！

● 勞作・海報

有些學校會出做海報還有勞作之類的美術作業。製作勞作及海報時要先決定主題。要是能夠解釋為什麼選擇這個主題那更好。

我不太會做海報耶！

咦，是嗎？（我以為聰太的手很靈巧……）

● 製作勞作的重點

① 決定主題，準備材料

決定好要做的東西之後再來就是準備材料。挑選材料時如果能順便想像完成之後的配色那更好。別忘記準備剪刀和白膠！

② 開始製作

實際在製作的時候不妨試著添加自己獨創的點子。既然都是手工製作，就讓它成為世界上獨一無二的作品吧♪

⚠ 注意

製作的時候視線不要離開手！特別是在用剪刀或美工刀的時候一定要小心，千萬不要傷到自己。

● 製作海報的重點

好好遵守吧！

① 決定主題

海報的類型有很多種。老師若是沒有指定主題，那就先想想自己想做什麼樣的海報吧！

主題範例

● 環境保護與愛護動物
● 預防犯罪與防災
● 杜絕霸凌等人權問題
● 交通安全
● 學校活動和地方節慶的公告

② 草圖和著色

先用鉛筆畫出草圖，視情況用簽字筆描邊之後再著色。挑選的顏色要亮一點，盡量讓文字突顯出來！

● 幫忙做家事

大家會多久幫家裡的人做家事一次呢？不管妳平常是不是那種會主動幫忙的人，暑假到了就要積極做家事。既然待在家裡的時間變長了，那就好好的盡一份家庭成員該負的責任喔！

不管做的家事有多小，對家人來說可能會是一個大忙喔！

幫忙做這些事情，家人會更高興喔！

🕐 5 分鐘內就能完成的家事

上菜擺碗盤
吃飯前先整理餐桌，擦過桌面之後再把菜餚和餐具擺上桌吧！

倒垃圾
家裡所有的垃圾都整理好之後，就可以拿到指定的垃圾場倒。但是垃圾不要忘記分類♪

鞋子擺整齊
幫忙將玄關的鞋子擺整齊。如果沒有要馬上穿，那就收到鞋櫃裡吧！

🕐 15 分鐘內就能完成的家事

洗米
米洗好之後順手放到電鍋裡煮也是一件相當棒的家事。但是要小心，可別把米灑出來喔！

刷洗浴缸
用海綿把浴缸刷乾淨。用蓮蓬頭沖過水之後水龍頭要記得關緊★

摺衣物
洗好的衣服在摺之前要記得分類。要是能夠按照擁有者分類的話會更好歸位！

　　　　　　 的 暑假

這段期間的目標

....
....
....

預定表

日（日）	日（一）	日（二）

日（日）	日（一）	日（二）

日（日）	日（一）	日（二）

 「暑假計畫表」下載處 ▦ https://reurl.cc/y6b26E

計畫表

MEMO

◯日(三) ／	◯日(四) ／	◯日(五) ／	◯日(六) ／

◯日(三) ／	◯日(四) ／	◯日(五) ／	◯日(六) ／

◯日(三) ／	◯日(四) ／	◯日(五) ／	◯日(六) ／

column

什麼是生理時鐘？

生物體內與生俱來的「日夜節律」

生理時鐘是一種能夠測量生物與生俱來的時間感受功能。人類早上之所以會醒來、中午會感到飢餓，據說就是這個生理時鐘發揮功能而來的。另外，如第 44 頁所述，有人認為每個人對於時間的感受之所以不同，是因為「每個人都有一個測量時間的生理時鐘」。這就是為什麼我們長大後會覺得時間過得很快的原因♪

原來我們會在固定的時間肚子餓、某個時間一到就會想睡覺，原來都是因為生理時鐘呀！

利用 陽光 調整時間！

生理時鐘深受「光線」影響。只要我們因為睡過頭而太晚曬到太陽，或者因為熬夜而一直待在明亮的房間裡，生理時鐘就會被打亂。生理時鐘一亂，生活節奏就會跟著被影響。若是遇到這種情況，早上起床之後就立刻沐浴在陽光底下吧！只要持續曬太陽一個月，就可以把生理時鐘調回來♪

讓夢想成真的時間安排方法

一旦知道時間的安排方法之後，接下來就要
試著爲自己的將來安排時間了！那麼實現夢
想需要花多少時間呢？

未來，妳應該還記得今天的作業吧？

你是指題目是「未來的夢想」這篇作文嗎？
是沒有忘記，但是我還沒有決定未來的夢想……

讓時間成為盟友吧

只要利用到目前為止所學的方法安排時間，就能讓時間成為我們的盟友♪

珍惜和自己相處的時光

與朋友及家人等共度的時光固然重要，但是「和自己相處的時間」的重要性也不容忽略。聽著喜歡的音樂、在浴室裡一邊輕鬆泡澡，一邊回顧這一天的點點滴滴……在這樣的時間裡不妨想想自己的事。例如拿手的科目、喜歡的運動及嗜好、戀愛或將來等等，心裡頭所想的事只要和自己有關就可以了喔！

回顧一下吧！

習題

寫下妳今天一整天為自己度過的時間吧！

找到一段能讓自己興奮開心的時間

只要面對自己，豎耳聆聽「心裡的聲音」，說不定就找到能讓自己興奮雀躍的事情喔！若能想想自己現在最想做的事，例如「想去○○」或「我想見○○」，應該就能從中找到答案，發現自己喜歡的事物♪自己因為喜歡的事而開心雀躍的時間，想必會成為最珍貴的回憶，所以就讓我們試著以讓自己開心的方式來安排時間。

我在看雜誌或聽人說話時，腦子裡就會冒出想要做的事喔！

讓心情雀躍無比的時間安排

1 盡情沉浸在興趣之中

只要全神貫注在愛好之中，就會覺得光陰似箭，轉眼就溜走。能夠專注於某一件事上，代表妳正在享受那段美好時光。所以就讓我們利用這種方式深入瞭解自己感興趣的事物吧！

2 熱衷學習拿手科目

只要是拿手或喜歡的科目，就盡量深入瞭解，多加學習☆克服不擅長的科目固然重要，但是透過拿手科目帶領大家學習也很酷喔！既然是擅長的事情，那就抱著滿懷自信，好好努力吧！

3 找出專長

不管是運動、手工藝、繪畫還是寫作，都可以想想自己哪個項目比較拿手。磨練專長也是掌握自我喜好、安排時間的方法喔！只要追求自己拿手的東西，說不定會引導你邁向未來的路喔☆

發現自己的另一面！

拓展自我世界的技巧

發現自己全新的一面是一件令人興奮的事喔！
就讓我們盡情拓展自己的視野，發展可能性吧★

● 體驗未知的世界

外出到陌生的地方、體驗新事物對妳來說應該會是一個不錯的刺激，因為這些全新的體驗有可能讓我們發現到以往從未留意過的新事物。只要能稍微引起興趣，就可以試著積極挑戰喔！

● 增加知識

得到資訊的方法有很多種，不管是書籍、雜誌、電視還是網路都可以。但不管用什麼方法，得到的新知對妳來說一定會有幫助的。所以就讓我們養成遇到「想要深入瞭解」的事情就立刻動手調查，好好增加知識吧♪

想到什麼就寫下來吧！

如果有新的發現或體驗，那就把心中的感想寫下來吧。
日期也要順便寫上，這樣以後回顧時就會知道是什麼
時候發生的事了！

日期 〔＿＿年＿＿月＿＿日〕

日期 〔＿＿年＿＿月＿＿日〕

日期 〔＿＿年＿＿月＿＿日〕

日期〔＿＿年＿＿月＿＿日〕

日期〔＿＿年＿＿月＿＿日〕

日期〔＿＿年＿＿月＿＿日〕

日期〔＿＿年＿＿月＿＿日〕

表格下載處 https://reurl.cc/y6b26E

想像一下 5 年及 10 年後的自己吧！

考慮自己的未來時，先想像一下未來的自己會是什麼模樣？首先，5 年後升上國中或高中的自己在做什麼呢？10 年後，說不定已經有人出社會了呢！未來的夢想及目標不需要想得太困難，像是想住大房子、想出國去玩等等，只要是將來想要嘗試的事情，通通都是美好的「夢想」喔！

 上高中之後我想去打工！
聰太對於將來有什麼想法？

我是有想做的事，應該啦。
但還不確定就是了。

培養對職業的具體概念

在想像自己將來的時候，對於職業有具體概念的人通常會搶先走在他人前面一步，所以就讓我們想一想，自己要是從事這份職業的話會需要做什麼事吧！例如，想要當一個開發新藥物的研究人員，或者是成為一個娛樂觀眾的演藝人員等等。這樣在思考自己想做的事情時，整個概念會更明確喔♪另外，如果妳連對職業也沒有什麼想法的話，那就一邊參考第 156 頁，一邊讓自己更有概念吧！

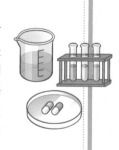

習題

動動腦筋吧！

想一想和自己有關的事情。把自己拿手的事、不擅長的事，還有自己的優點寫下來。也可以問問身邊的家人或朋友喔！

擅長的事	不擅長的事

舉出 **3** 個自己的優點！

未來想做什麼呢？

很多工作都會讓我們「樂在其中」喔♪
先來慢慢瞭解職業吧！

認識一些能讓我們樂在其中的職業吧

接下來要介紹幾種職業。如果現在妳有幾個興趣，如果好好發揮的話能從事什麼的工作呢☆若是看到令人好奇的職業，那就試著調查一下具體的工作內容吧！

如果妳喜歡時尚及打扮

穿上時尚服飾，化個當下流行的妝容，成為活躍的模特兒是人人夢寐以求的職業。不過這份工作必須給人亮麗的印象，這樣才能成為品牌的門面喔！

可以穿上各種款式的衣服喔★

其他時尚相關工作……

服裝設計師、服飾店店員、美容師、造型師、化妝師、美甲師、調色師、服裝打版師等等。

－ 如果妳喜歡畫畫 －

內容緊湊的故事情節

讓人看了欲罷不能！

可以考慮當個漫畫家，發表妳的原創故事！要是成爲人氣漫畫家，那就有機會在週刊或月刊雜誌上連載漫畫，甚至讓自己的作品改編成動畫或電影呢！

其他藝術相關工作……

畫家、插畫家、動畫師、繪本作者、電腦繪圖設計師、平面設計師、遊戲創作者、美術教師、策展人、畫室工作人員等等。

實現目標的

可靠夥伴♥

如果妳喜歡運動

那就成爲一個運動指導員，教導學員如何運動吧！這項工作的內容，就是爲學員規劃運動項目，從旁協助他們運動喔！

其他體育相關工作……

職業棒球、足球及網球選手、運動訓練師、教練、體育攝影師、體育作家、裁判、運動用品店員、運動經紀人等等。

── 如果妳喜歡與人接觸 ──

幼保員是一個對孩子的成長非常重要的職業，因為他們不僅要有活力的向人打招呼，還要開心的大聲唱歌，一邊成為孩子的榜樣，一邊在旁輔助孩子成長喔！

開朗溫柔的育兒專家♪

其他與接觸人有關的工作……
看護人員、保姆、業務員、銷售員、餐飲人員、教師、禮服秘書、治療師、導遊等等。

── 如果妳喜歡企劃節目或活動 ──

在攝影棚裡隨機應變，適時支援★

電視導演是電視節目製作現場的負責人。不管是企劃、收錄還是編輯，各種場面都能大展身手喔！有興趣的話不妨從 AD（助理導演）開始吧♪

其他與節目製作有關的工作……
影片剪接師、燈光師、音響師、編劇、節目總企劃、演藝經紀人、音樂製作人、音樂會工作人員、主題樂園工作人員等等。

這類工作看起來好像不輕鬆，但是卻非常有意義喔♪

如果妳喜歡烹飪

只要當上糕點師傅，就能做出可愛又好吃的糕點了♪只要充滿創意的糕點成爲熱門話題，就能一躍登上人氣糕點師傅的行列中了♡

徹底追求美味和可愛♥

其他與食品有關的工作……
調理師、廚師、主廚、巧克力師、麵包師傅、餐飲協調員、營養師、侍酒師、咖啡師、料理研究家、餐廳服務生等等。

如果妳喜歡動物

只要當上寵物美容師，就可以把寵物梳整得更可愛了♪除了剪毛和美容，還要幫牠們剪指甲、洗澡喔！

幫忙飼主打扮寵物！

其他與動物有關的工作……
獸醫、動物護士、動物園飼育員、海豚訓練員、寵物店店員、犬隻訓練師、飼養員、寵物保姆、寵物護理員、動物輔助治療等等。

教導孩子學習
和社會規則♪

─ 如果妳想幫助他人 ─

當上學校老師的話，就可以教導孩子學習、運動以及社會行為規則。除了與每個學生相處，有時還可以透過有趣的課程讓課堂氣氛更熱絡♪

其他有助於人的工作……
醫生、護理師、藥劑師、物理治療師、社工、消防員、軍人、警察、法官、律師、志工團體的工作人員、補習班講師等等。

── 如果妳想環遊世界 ──

空服員的工作，就是讓乘客在飛機上擁有一段安全舒適的旅程。同時這也是一份可以發揮語言能力的工作♪還能體驗到飛往國家的文化呢！

其他可走訪世界各地的工作……
機師、水手、口譯員、翻譯員、外交官、大使館工作人員、日語教師、國際公務員、聯合國工作人員、旅行作家、導遊等。

熱鬧的氣氛
令人嚮往不已♥

機師很帥氣呢！

我要開心及有趣的事

與全世界的人分享♪

━ 如果你想娛樂人們 ━

YouTuber 可以搶先抓住時代潮流，與大家分享有趣的影片喔♪投稿的影片要是引起話題的話，說不定就會變成舉世聞名的創作者呢！

其他可以娛樂眾人的工作……

演員、配音員、藝人、歌手、偶像、音樂家、喜劇演員、相聲演員、魔術師、馬戲團員、舞者、播音員等等。

前所未有的職業即將誕生！

現在是一個全新職業不斷誕生的時代。10 年或 15 年過後，說不定就會誕生當今沒有的職業。而且不少人在掌握了自己的拿手事物時，還同時找到了一份足以擔當相關領域專家的工作呢。像是喜歡看遊戲實況的人可以成為遊戲評論家，喜歡上傳旅行照片的人可以成為旅行顧問等等。看似與工作毫無關連的事情日後說不定會發展成從事的行業，所以現在的我們一定要好好珍惜這段能讓自己樂在其中的時間喔！

調查職業吧！

詳細調查自己感興趣的職業。在瞭解的範圍內將工作內容、這份工作的魅力以及薪水等資訊填寫下來♪身旁若有人從事那份工作，實際採訪對方也可以！

調查的職業 ⟶

主要的工作內容

工作地點

薪水

工作的魅力

- - - - - - - - - -

- - - - - - - - - -

- - - - - - - - - -

- - - - - - - - - -

辛苦的地方

- - - - - - - - - -

- - - - - - - - - -

- - - - - - - - - -

- - - - - - - - - -

適合什麼樣的人？

- - - - - - - - - - - - - - - -

- - - - - - - - - - - - - - - -

- - - - - - - - - - - - - - - -

- - - - - - - - - - - - - - - -

所需的資格及技能

- - - - - - - - - - - - - - - -

- - - - - - - - - - - - - - - -

- - - - - - - - - - - - - - - -

- - - - - - - - - - - - - - - -

表格下載處 https://reurl.cc/y6b26E

出色的大人
是什麼樣的人？

不管長大後從事什麼樣的工作，我們都會想要成為一個出色的大人，是吧♥大家身旁有沒有崇拜的大人呢？

想像心中崇拜的人吧

大家周圍應該會遇到不少大人吧！就讓我們來探索身旁這些人，像是鄰居家的姐姐、學校的老師、叔叔舅舅等親戚令人崇拜的一面吧！只要觀察他們的言行舉止，說不定就會找到自己理想中的模樣了♪

出色的大人是這樣的人

① 儀容裝扮 & 言行舉止完美無缺！

穿上乾淨的衣服，整個背部挺直的模樣看起來真的很棒。當然，用字遣詞以及招呼問候等禮儀也無從挑剔☆

② 採取行動時 懂得為他人著想

懂得體諒旁人是一件非常了不起的事喔。因為這樣的人採取行動時通常都會考慮到對方的感受，要是有人遇到困難，就會主動伸出援手♪

③ 臉上總是掛著笑容

隨時面帶笑容讓氣氛開朗無比的人身旁的朋友會越來越多喔！只要我們露出笑容，就能讓當場的氣氛更加熱絡。

想像一下社會人士 一天的生活吧！

早上6:00 起床	會先看新聞再吃早餐喔！有的人會利用早上安排一些例行活動，例如跑步、看書或做便當。
早上9:00 開始工作	開始上午的工作。不過好像有很多人習慣提早 30 分鐘到公司準備。
中午12:00 午餐時間	會和好朋友或前輩共進午餐。除了工作，還可以聊聊其他話題，交換資訊喔♪
下午1:00 繼續工作	喝杯咖啡，清醒之後，下午也要專心工作喔！
下午5:00 下班	下班後去健身房或參加烹飪教室，有時回家之後會再念一下書。
下午11:00 上床睡覺	睡前先把隔天的東西準備好，這樣隔天早上不會很匆忙了！

每天都過得這麼充實，感覺好像很開心！

習題 找找看吧！

要是遇到一個妳認為他「還不錯」的人，建議可以寫下欣賞對方的哪些地方。除了身旁的人，演藝人員及運動選手也可以喔！

名字

妳覺得他哪個
地方令人欣賞？

名字

妳覺得他哪個
地方令人欣賞？

表格下載處 **https://reurl.cc/y6b26E**

名字

妳覺得他哪個
地方令人欣賞？

名字

妳覺得他哪個
地方令人欣賞？

名字

妳覺得他哪個
地方令人欣賞？

綾乃的插畫
好可愛喔♡

我最喜歡畫畫了。

咦？
真的嗎？

甚至想過將來
要是能夠當一名
漫畫家那就好了⋯⋯

綾野畫的
漫畫

只要一出版，
我一定會第一個
衝去買♡

不過⋯⋯我應該沒有
那個能力當漫畫家。

實現夢想的計畫

Good time-use

> 計畫的時候就要考慮到將來了嗎？
> 可是我從來有想過耶……

訂立計畫，讓夢想成真吧！

展望將來，訂立計畫是一件非常重要的事，因為這樣才能夠慢慢實現夢想。。
只要訂立計畫，夢想與目標就會變得更加具體，這樣說不定會更有動力喔！
因此在和朋友談論到將來時，互相分享彼此的計畫也不錯喔♪

訂立計畫時的建議

① 概念要具體一點！

當我們在規劃將來時，第一件要做的事就是想像未來。這個時候腦子裡的想法要是能夠具體一點，訂立計畫時就會更加順利喔♪就讓我們具體想像將來自己會從事什麼樣的工作、過著怎麼樣的生活吧！

② 盡力而為就好

擁有一個具體的計畫固然重要，但是預定的行程若是排的太滿，就有可能無法實現。最重要的是盡力而為，要在能力範圍內進行計畫喔！

③ 制定一個有趣的計畫

在規劃將來時，進行的過程當然是越有趣越好。可以的話盡量加入積極要素，這樣在實現夢想的過程當中就能樂在其中了♪

再更靠近夢想一步！

執行計畫的技巧

希望實現夢想的人一定要看！
接下來要告訴大家實現夢想的四個步驟喔♪

STEP 1 設定一個目標

如同第 117 頁所述，制定長期計畫時的重點，在於目標必須是一個終點。例如「拿到美髮師執照」或「開一家自己的餐廳」等，盡量設定一個可以讓自己實現夢想的目標吧。大家可以亦參考下列範例，一邊決定一個屬於自己的目標！

目標範例

● 成為職業乒乓球選手
● 以歌手身分出道
● 有助於人類的研究與開發
● 當一個保護地區安全的警察
● 成為像△△先生那樣的老師
● 在法國當甜點師

我將來要從事和照顧孩子有關的工作！像教保人員或者是護理師……

不過這兩個都需要考證照喔！所以我們或許可以把目標放在考取證照上♪

原、原來要這樣啊……！

接下來要想像一下要花多久的時間才能夠實現夢想。如此一來就能夠推測到達終點之前的這段未來了。不過現階段並不需要規劃一個詳細的行程表，只要大致掌握時間就可以了喔！

推測狀況有 **2** 種模式

• 暫時先決定一個時期 •

例 **25 歲成爲美髮師**

① 列出清單

首先，讓我們列出成爲一個美髮師需要做的事情吧。先查查看有哪些學校可以學到美容、練習髮型設計，還有需要考的證照！

② 往回推算時間

讓我們以「25 歲」爲目標往回推算，在 23 歲以前先成爲助理→ 21 歲以前拿到美髮師執照，大致規劃就好。

③ 分配該做的事

在 ② 往回推算安排時間的同時，也要想想在 ① 中列出的事情應該安排在哪個時期做。如同第 62 頁所介紹的，善用便利貼會更方便喔！

• 晚點再決定一個時期 •

例 **成爲美髮師，擁有自己的店**

① 列出清單

先一一列出所有該做的事情吧。不僅要考到美髮師證照，開店還要存錢呢！

② 計算時間

再來就是計算需要花費的時間。18 歲進入美容專業學校→ 20 歲考上美髮師證照→ 30 歲在店裡培訓……就讓我們具體想像一下開店以前的一些必經過程吧。

③ 決定時期

只要該做的事情&時間寫下來，應該就能夠看出實現目標的時期。只要有了一個大致的概念，就以那個時期爲目標，全力以赴吧！

STEP 3　思考程序

一邊參考在 STEP2 中推測的狀況，一邊思考詳細的程序。先一個一個寫出程序，之後再進一步思考要怎麼做才能實現。以「想要成為美髮師」這個夢想為例，首先要做的事，就是考上美髮師證照。接下來想想「要怎麼做才能考到證照」，然後再依序加上「參加考試」、「專門學校學美髮」等程序！

例　如果想成為美髮師……

國中和高中畢業之後，就進入可以學習美髮的專門學校。

↓

在專門學校念 2 年之後，就參加國家考試，取得美髮師執照。

↓

一邊在美容院當助理時，一邊學習美髮師的工作。

↓

累積經驗，獨當一面。
以稱職的 美髮師之姿出道！

程序確定之後，下一步就是執行它。既然我們的目標是成為一名美髮師，那麼要求自己「每晚練習吹頭髮」也是一個不錯的主意。執行之後不時回頭檢討計畫也很重要。最理想的循環方式如下圖所示，也就是執行→回頭檢討→改進→再次執行！

原來不是執行就可以直達目的地，不時回頭檢討計畫不錯耶！

未來總是想出一些瘋狂的計畫。

嗯？我有嗎？

執行 → 回頭檢討 → 改進 → 再次執行

要是覺得每天練習吹頭髮很累，那就調整一下計畫，改成只在週末練習也可以。然後再重新回頭檢視與改進，也就是要不斷重複這個流程喔！

遲遲無法採取行動的時候……

那就決定一個「行動開關」，也就是讓自己採取行動的契機。只要有一個契機，就能順利督促自己採取行動了！而這個行動開關的內容越具體，就越容易讓自己動起來喔♪

行程表

練習髮型♪ 星期三吃完早餐後

行動開關範例

● 點心吃完就寫作業
● 洗完澡後就做伸展操
● 9點一到就關電視
● 星期三 6 點起床跑步
● 去圖書館找英文書

完成計畫的要點

帶著雀躍的心情想像未來

在推測狀況或思考程序時，對於將來的事最好能夠具體想像！只要想像越具體，計劃也會跟著具體起來。

與他人分享

我們的目標與計畫可以多與旁人聊聊。只要得到家人的協助，或者是與朋友互相鼓勵，就能增加實現目標的動力☆

中途改變目標或計畫也沒關係！

在思考未來的過程當中，夢想有時候還是會改變的。所以我們不需要堅持同一個夢想或目標。夢想要是改變，那就重新制訂一個新的計畫就好了！

習題 製作一張未來預想圖吧！

大家可以試著一邊想像將來，一邊製作未來預想圖！就讓我們規劃一個光是想像就足以讓人喜上眉梢的開心計畫吧♪

1 現在心中的未來夢想

2 懷抱夢想的契機

3 要如何付出才能實現夢想

表格下載處　　https://reurl.cc/y6b26E

 要在幾歲以前完成？

 歲

 寫下具體的計劃

西元	年紀	事情
20XX 年	18 歲	高中畢業進入美髮專門學校

珍惜追夢的時光

到目前為止我們已經告訴大家如何安排時間實現夢想。但是最重要的一件事，就是要懂得享受追逐夢想的這段時間♪

思考未來的時間是無可替代的

將時間花在思考自己的事與花時間與他人相處一樣重要。因為能夠讓自己夢想成真的人就只有自己，所以我們每天都要留一點時間想想未來。不管是調查職業，還是深入瞭解自己的夢想，稍微留點時間給自己想想未來那就好了。因為這樣的時間只要累積下來，就能慢慢實現夢想喔♪

從平常開始留意吧！

將來的事，就讓我們利用每天的一小片刻時段來思考吧！例如看電視的時候。要是對流行時尚有興趣，或許可以看看明星上節目的打扮、妝容和髮型♪這種不經意的時間，也是追逐夢想的時候。

雖然以前看電視的時候都不會想太多，但是從今天開始就試著留意看看吧！

什麼是追夢的時光？

增加感興趣事物的知識也很重要

除了學校課業，感興趣的事物也要多加學習與調查，這樣知識才會越來越豐富。擁有的知識越多，將來選擇的方向就會越廣闊，更重要的是還能擴大自我發展的可能性呢♪

好好磨練興趣與特殊技能也不錯★

如果妳有擅長的領域，不管是體育、音樂還是美術，那就好好磨練技術吧！擅長的事有時甚至可以帶來夢想，讓人驕傲的說出自己擅長的技能，妳不覺得這樣很棒嗎？

找時間磨練感性也很重要喔！

不管是看戲看畫還是聽音樂，只要接觸藝術，就能培養感性。這對每個人來說都是一個非常重要的時間。有時這些經驗還可以幫助我們設定目標呢！

懂得「安排時間」會有什麼改變？

學了安排時間的方法之後，
大家的生活有什麼改變呢？
慵懶度日的時間說不定變短了，
該做的事也懂得如何整理了，
對於將來說不定也看的更遠了呢！

就算是到現在依舊覺得沒有什麼改變的人，
時間也一定會站在妳這一邊。

要是覺得不知所措，那就先大大的吸一口氣，
再來好好回顧自己的行爲。

就讓我們珍惜有限的時間，妥善安排，
讓今後的自己過得更加神采奕奕♪

習題 先來檢查一下吧！

讓我們回顧一下本書的內容，要是有做到的事情就在 ☑ 裡打勾。只要多加複習幾次，☑ 的地方應該就會慢慢增加★

□ 知道時間是為誰而準備的

□ 開始考慮旁人的感受

□ 懂得怎麼反算時間

□ 有「時間」感了

□ 懂得怎麼整理該做的事

□ 學會珍惜從事喜好的時間

□ 懂得如何分段較長的時間

□ 懂得制定計劃，實現目標

□ 學會考量事情的先後順序

懂得考量事情的先後順序。

□ 學會找出時間面對自己

□ 對於職業開始有興趣

□ 開始考慮自己的未來

GOAL！

知識館013

生活素養小學堂 3：小學生的時間管理課

めちゃカワMAX!!
小学生のステキルール夢をかなえる時間の使い方BOOK

監 修	高取靜
譯 者	何姵儀
責 任 編 輯	陳鳳如
封 面 設 計	張天薪
內 文 排 版	李京蓉
童 書 行 銷	張惠屏・侯宜廷・林佩琪・張怡潔

出 版 發 行	采實文化事業股份有限公司
業 務 發 行	張世明・林踏欣・林坤蓉・王貞玉
國 際 版 權	施維真
印 務 採 購	曾玉霞・謝素琴
會 計 行 政	許俽瑀・李韶婉・張婕莛
法 律 顧 問	第一國際法律事務所　余淑杏律師
電 子 信 箱	acme@acmebook.com.tw
采 實 官 網	www.acmebook.com.tw
采 實 臉 書	www.facebook.com/acmebook01
采實童書粉絲團	www.facebook.com/acmestory

I S B N	978-626-349-471-8
定 價	380元
初 版 一 刷	2023年12月
劃 撥 帳 號	50148859
劃 撥 戶 名	采實文化事業股份有限公司
	104 台北市中山區南京東路二段 95號 9樓
	電話：02-2511-9798　傳真：02-2571-3298

國家圖書館出版品預行編目(CIP)資料

生活素養小學堂. 3：小學生的時間管理課 / 高取靜監修；何姵儀譯. -- 初版.
-- 臺北市：采實文化事業股份有限公司, 2023.12
192面；14.8*21公分. -- (知識館；13)
譯自：めちゃカワMAX!!：小学生のステキルール: 夢をかなえる時間の使い
方BOOK
ISBN 978-626-349-471-8(平裝)

1.CST: 修身 2.CST: 時間管理 3.CST: 小學生

192.12 112017074

采實出版集團
ACME PUBLISHING GROUP

小学生のステキルール 夢をかなえる時間の使い方BOOK
SHOUGAKUSEI NO SUTEKI RULE YUME WO KANAERU JIKAN NO TSUKAIKATA BOOK
© SHINSEI Publishing Co.,Ltd. 2020
Originally published in Japan in 2020 by SHINSEI Publishing Co.,Ltd.,TOKYO.
Traditional Chinese edition copyright ©2023 by ACME Publishing Co., Ltd.
Traditional Chinese Characters translation rights arranged with SHINSEI Publishing Co.,Ltd.,TOKYO.through
TOHAN CORPORATION, TOKYO and KEIO CULTURAL ENTERPRISE CO.,LTD.,NEW TAIPEI CITY.

附錄

給家長的話

表達學習營
高取靜

咦?這不是寫給小學生
的「時間安排」書嗎?
怎麼會有給大人看
的說明部分呀?

讓小學生學會
怎麼「安排時間」
一定要有家人協助才行。
所以接下來這幾頁一定要
請家人看喔♪

要是可以，我也不想一直催呀⋯⋯

　　孩子對於時間的安排，有哪些地方讓爸爸媽媽頭疼不已呢？

- 如果不催促孩子「快一點！」事情就會一直擱著不做。
- 玩遊戲或看影片的時候不遵守時間。
- 吃飯慢吞吞，換衣服也慢吞吞，真的很浪費時間。

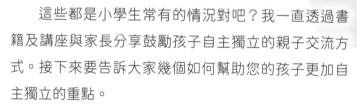

　　這些都是小學生常有的情況對吧？我一直透過書籍及講座與家長分享鼓勵孩子自主獨立的親子交流方式。接下來要告訴大家幾個如何幫助您的孩子更加自主獨立的重點。

　　看著孩子做事的方法，往往會忍不住念個兩三句。原本是好言相勸，但看他們依舊無動於衷，結果口氣就這樣日復一日越來越差，是不是有很多家長都是這樣呢？明知靜靜在旁觀察是最好的方法，但不知道為什麼就是做不到。要怎麼做才能引導孩子自主獨立呢？

讓孩子決定如何安排自己的時間

首先家長要發自內心告訴自己「孩子的時間是屬於孩子的」。

「安排時間的方法自己想」（第 28 頁）這一節已經告訴大家要讓孩子們思考如何安排自己的時間。孩子幼兒園時代的時間都是父母幫忙管理的，但是現在要開始慢慢讓孩子安排自己的時間了。

若想讓孩子自主採取行動，父母就要有所自覺，體認到「孩子的時間是屬於孩子的」。從今天開始，就盡量不要叮嚀孩子「趕快寫作業」、「你要玩到什麼時候」。身為父母當然會覺得孩子「不說就不會做的」，但是這次就先暫擱一旁。畢竟不寫作業麻煩的是孩子自己而不是父母。

孩子必須認為這是他「自己的問題」，這樣才會做事自動自發。因此我們希望家長能自覺到這是「孩子的問題」，並且改變自己的言行。要是看到孩子紋風不動，想要說他兩三句的時候，就先問問自己：「這是誰的功課」。不管作業有沒有寫，最後要承擔結果的是孩子。所以家長根本就沒有必要為此而不耐煩，甚至出口責備孩子。

話雖如此，突然要孩子自己解決問題的是不可能的事，當然也不建議鼓勵他們放棄。這時候家長就要從旁協助孩子解決課題。只要記住「孩子的時間是屬於孩子的」，這樣對他們說的話應該就會不一樣。與其不問緣由的催孩子「快一點」，不如先瞭解孩子，想想自己要怎麼支持他們，並在旁守候或好好與他們談一談。

如何讓孩子明白這是「自己的問題」

　　「誰的問題」這種想法，在各種人際關係中都能發揮作用。但是父母和孩子之間恐怕需要相當大的毅力與訓練才能劃分界線，分開思考。

　　我曾經請教一位在美國從事自立教育的小學老師一個問題：「你們是什麼時候開始推行自主獨立教育的？」沒想到他們在孩子還三歲的時候就開始進行自立教育，而且還包含時間管理在內。

　　據說孩子忘記帶東西的時候要是怪罪「媽媽沒有幫我放進去」，她們就會看著孩子，口氣溫和的對孩子說「那不是媽媽的問題，是你的問題」。也就是在生活中要有耐性的再三強調「這不是誰的問題，而是你該做的事」。

　　對了，每天早上是各位家長叫孩子起床的嗎？

孩子若是責怪爸媽「你怎麼不叫我起床？」「都幾點了！」的話，就代表他們認爲這是「父母的問題」。此時身爲父母的若是駁斥孩子「是你不對吧！」這種時候，「我沒有錯！」「早就跟你說了！」的話，只會讓孩子覺得自己受到指責，而不是督促他們自主獨立。平常只要心平氣和的告訴孩子「要自己起床喔」，給一個鬧鐘（建議讓他們選擇自己喜歡的鬧鐘），好好鼓勵他們自己起床就可以了。

引導孩子思考

本書讓孩子做了許多提升時間力的「習題」，

也讓他們在便利貼上分別寫下「想做的事」與「該做的事」（第 67 頁），並且思考課後行程表（第 81 頁）。當他們在做這些習題的時候，家長要尊重孩子思考的自由。要是不知從何寫起，那就問問他們「家庭作業是不是想做的事呀？」與他們一起思考討論。絕對不可以直接告訴他們「該做的事不就是寫家庭作業和練習鋼琴嗎」，因爲讓孩子獨立思考很重要。

現在有很多孩子不擅於說出自己的想法。那是因爲他們擔心「這種事是不是不能說？」、「這麼想沒錯嗎？」所以才沒說出口，不然就是他們已經習慣凡事都會先得到正確答案，結果不思進取。爲了鼓勵孩

子們獨立思考、採取行動，無論他們在此時提出什麼想法，身為父母都要先認同，不要急著否決。當孩子在嘗試自己思考時若是陷入困境，就會懂得重新思考，進而從中學習重要事物。就算在做之前覺得「這樣是行不通的」也不要干涉，只要在旁看守就好。

孩子看似在浪費時間，其實並非如此

製作史萊姆在孩子之間盛行開來時，他們會不停玩弄做好的史萊姆。就連去找朋友的時候也會帶過去，就只是為了和對方交換史萊姆玩。這樣的行為看在大人眼裡，會很納悶「這有什麼好玩的？」「難得跟朋友聚在一起，為什麼不玩點別的……」但是這樣時間這樣安排，恐怕就只有孩子才做得到。乍看之下或許會覺得是在浪費時間，但是身為家長的我們最好還是盡量給孩子自由。

當他們在做一些看似無用的事，或者好像在發呆的時候，做父母的往往會忍不住想要說「你這樣是在浪費時間，無聊就去做〇〇」。但不管是發呆，還是看似是在浪費青春，他們做的都是自己想做的事，而且這段時間對孩子來說，是整理思緒、培養心靈的重要時刻。而且據說只要讓孩子盡情沉浸在喜歡的事物裡，未來就能幫助他們培養出專注力。因此當孩子開

始自動自發時，就帶著關懷的心在旁好好陪伴，你會發現「原來孩子喜歡這樣的東西」、「這段時間說不定可以好好培養孩子的心智」。

孩子沒有行動時，該如何開口詢問

　　若是任由孩子安排時間行動，難免會遇到沒有按照自己安排的行程走的日子。在這種情況之下難免會想要念個幾句，「自己安排的事就要確實去做！」就算動肝火，孩子也未必會主動採取行動。當下孩子或許會乖乖聽話，立刻去做，但那是因為他們不想被罵。遇到這種情況身為父母的人要控制住情緒，試著問他們「現在這個時間是要做什麼呢？」「你現在做的事情幾點以前可以做完？」只要好好說出心中話，之後就靜觀其變。

　　與其催促他們「快一點」，不如用積極正面的字眼來激勵孩子，例如「只要在 10 分鐘內完成，那就可以做○○了喔」，孩子聽了也會更有動力。若想讓孩子動腦思考，那就問問他們的感受與希望吧。例如「你覺得怎麼做比較好呢」或者「你想怎麼做呢」。「你怎麼 ......？」或「為什麼 ......？」等疑問句雖然是在詢問原因，但是聽在孩子耳裡卻有被責備的感覺。若是問孩子「你怎麼還在玩遊戲」，想必他應該會答不

出一個所以然。與其如此，不如問他「那你想怎麼做呢？」孩子若是回答「我想再多玩一會兒」，那就請他自己好好想一想，並且決定一個時間，「你的多玩一會兒是幾分鐘」。

找到喜歡及熱衷的事

本書曾經多次詢問孩子們喜歡什麼、什麼樣的事會讓他們雀躍無比。就算是大人，有時也會不明白自己到底喜歡什麼、對什麼東西會感到興奮雀躍，有時甚至要不斷的問自己才會察覺。因此身為父母的人不妨試著問問孩子：「做什麼事情的時候會讓你覺得很開心」、「什麼時候會讓你覺得雀躍不已」。

懂得安排時間所指的不僅是有效安排時間，還要有意義的安排時間，讓自己擁有一段充實的美好時光。那什麼是有意義的時間、充實的時光呢？當然是做自己喜歡的事的時間。只要孩子有過做自己喜歡的事、度過一段充實時光的經驗，心中就會萌生一個念頭：其他時間只要好好安排，就能再次擁有那段美好的時光。不管大人小孩，只要是喜歡的事、想做的事，任誰都會好好努力，盡力而為的。在支持孩子們尋找樂趣的同時，家人也要尋找能令自己興奮雀躍的事情，和孩子一樣，讓自己的時間綻放光芒。